VISUALISIERUNG

IDEEN & TRÄUME VERWIRKLICHEN!

Wie Sie mit Hilfe von effektiven Techniken und Affirmationen Ihr Unterbewusstsein auf Erfolg programmieren und so jedes Ihrer Ziele erreichen

INHALT

Einleitung

Wir alle haben eine grobe oder vielleicht auch ganz genaue Vorstellung davon, wie unser Leben aussehen soll. Die einen streben eine berufliche oder sportliche Karriere an, während die anderen sich eine eigene Familie wünschen oder die ganze Welt bereisen möchten. Damit diese Vorstellung von unserem idealen Leben aber nicht nur eine Vorstellung bleibt, müssen wir uns konkrete Ziele setzen. Und obwohl es letztendlich unsere Taten sind, die uns einen Schritt näher entgegen unserer Ziele bringen, beginnt der eigentliche Prozess schon mit unseren Gedanken.

Denken Sie an dieser Stelle einmal kurz darüber nach, wann Sie sich das letzte Mal ein konkretes Ziel gesetzt haben und was genau Sie gemacht haben, um dieses auch zu erreichen. Das muss nicht unbedingt eines Ihrer großen Lebensziele sein, sondern vielleicht auch nur etwas ganz Alltägliches, das Sie sich für den Tag oder die Woche fest vorgenommen haben.

In Ihrer Vorstellung haben Sie sich vielleicht bereits ein Bild davon gemacht, wie das Ganze aussehen könnte. Vielleicht haben Sie dieses Ziel in Ihrer Vorstellung sogar schon erreicht und womöglich löst allein der Gedanke daran ganz verschiedene Emotionen bei Ihnen aus.

Oft versetzen wir uns mit unserer Vorstellungskraft in Situationen, die bisher noch nicht stattgefunden haben. Wir machen uns ein Bild davon, wie jede dieser Situationen eventuell ablaufen könnte. Das kann sich sowohl positiv als auch negativ auf uns auswirken.

Denn auch Sie kennen mit Sicherheit das Gefühl, dass Sie ein vielleicht eher ernstes oder unangenehmes Gespräch führen müssen und sich vorab schon so viele Gedanken über die Reaktion Ihres Gegenübers machen, dass Sie dieses Gespräch völlig voreingenommen und mit falschen Erwartungen beginnen. All das sind Reaktionen, die sich durch vergangene Erfahrungen in unserem Unterbewusstsein verankert haben und automatisch auf kommende Situationen übertragen werden.

Unser Unterbewusstsein ist ein mächtiges Werkzeug, welches entweder unsere Gedanken und Emotionen verstärkt oder aber zu unserer besten Waffe werden kann, wenn es darum geht, unsere Ziele zu erreichen. Dabei ist nur wichtig, dass Sie lernen, wie Sie dieses Werkzeug bestmöglich zu Ihren eigenen Gunsten nutzen können.

Die Macht unserer Vorstellungskraft kann uns dabei helfen, unsere Ziele schneller und effizienter zu erreichen und gleichzeitig neue, bessere Gewohnheiten zu erschaffen. Diese Methode nennen wir Visualisierung – eine Technik, die bereits von tausenden Menschen erfolgreich eingesetzt wurde, um eine Realität zu erschaffen, die der ihrer Vorstellungen gleicht. Zu Beginn möchten wir Ihnen erst einmal den Begriff Visualisierung und dessen Bedeutung etwas näherbringen.

Worum es aber eigentlich geht, sind die verschiedenen Techniken und Methoden des Visualisierens, wie Sie diese in Ihren Alltag integrieren und Ihr Leben dadurch vollkommen verändern können. Wir werden nicht nur erläutern, *wie* und *was* Sie visualisieren können und welchen Einfluss das auf Ihre Denkweise und Ihre gesamte Lebenseinstellung haben kann, sondern auch, wie Ihre verschiedenen Bewusstseinsebenen funktionieren. Auch wenn Sie sich zu Beginn vielleicht die Frage stellen, was das eine mit dem anderen zu tun hat, werden Sie schnell erkennen, dass alles auf eine ganz bestimmte und faszinierende Weise miteinander verbunden ist.

Visualisierung

Die Visualisierung ist, um es ganz einfach auszudrücken, eine mentale Technik, die mit Hilfe der eigenen Vorstellungskraft Träume und Ziele zur Realität werden lässt, wenn sie korrekt angewendet wird. Richtig eingesetzt, kann die Visualisierung Sie nicht nur schneller an Ihre Ziele bringen, sondern, wie bereits in der Einleitung erwähnt, auch Ihre gesamte Denkweise verändern. Die Visualisierung wird mit vielen anderen Begriffen, wie zum Beispiel Imagination und Fantasie, oder aber auch einfach mit unserer Vorstellungskraft in Verbindung gebracht. Unsere Vorstellungskraft ist die Fähigkeit, ein mentales Bild von etwas zu erstellen, das nicht mit einem unserer fünf Sinne wahrgenommen werden kann.

Es ist die Fähigkeit unseres Verstandes, Objekte und Situationen in unseren Gedanken zu erzeugen, die entweder noch nie stattgefunden haben, nicht gegenwärtig sind oder eine Projektion aus unserer Vergangenheit darstellen. Jeder Mensch besitzt ein gewisses Maß an Vorstellungskraft, wobei die Ausprägung und die Entwicklung je nach Person sehr unterschiedlich sein kann. Das ist aber, wie bei allen anderen Dingen auch, ganz davon abhängig, wie oft man diese anwendet und trainiert. Ihre Imagination kann es Ihnen ermöglichen, vollständige Ereignisse und Situationen in Ihrem Kopf zu erleben und jede dieser Situationen aus unterschiedlichen Blickwinkeln zu betrachten.

Diese Fähigkeit kann sich in ganz verschiedenen Formen bemerkbar machen und entweder ganz bewusst oder aber unterbewusst stattfinden. Um das Ganze am greifbarsten und möglichst alltagsnah zu veranschaulichen, können Sie es mit einem Tagtraum vergleichen. Diese Tagträume schleichen sich meist ganz unbemerkt ein und lassen uns für einen kurzen Augenblick in eine andere Welt eintauchen. Dies kann für viele auch ein kurzer Moment sein, in dem sie sich von jeglichem Stress befreien und vorübergehende Entspannung wahrnehmen können. In Ihrer Vorstellung sind Ihnen keinerlei Grenzen gesetzt. Sie können sich über jegliche Hindernisse und in jede Richtung fortbewegen und Konflikte mit sich selbst und anderen lösen, die vielleicht noch ungeklärt in Ihrem Unterbewusstsein umherschwirren. Die Imagination beschränkt sich jedoch nicht immer nur auf Bilder, sondern kann unter Umständen auch Ihre fünf Sinne mit einbeziehen. So können Sie sich also zum Beispiel bekannte Geräusche, Gerüche, Geschmäcker, körperliche Empfindungen wie Berührung oder gar Emotionen vorstellen.

Nicht umsonst ist es uns möglich, allein mit der Kraft unserer Gedanken verschiedene Gefühle in uns auszulösen. Wenn Sie beispielsweise an ein Ereignis aus Ihrer Vergangenheit denken, welches Sie besonders wütend oder traurig gemacht hat, können Sie diese Emotionen in den gegenwärtigen Moment zurückholen und erneut empfinden. Oder hat vielleicht nur die Vorstellung an Ihren nächsten Arbeitstag und den Papierstapel auf Ihrem Schreibtisch Stress in Ihnen ausgelöst? Daran lässt sich gut erkennen, wie mächtig unser Verstand und unsere Vorstellungskraft sein können. Für manche Menschen ist es einfacher, mentale Bilder zu sehen, während es für andere einfacher ist, sich Emotionen vorzustellen. Wenn Sie Ihre Vorstellungskraft trainieren und richtig einsetzen, kann sich diese Fähigkeit zu einem großartigen Werkzeug entwickeln, um neue Gewohnheiten zu schaffen, Ihre Komfortzone zu verlassen und all Ihre Ziele zu erreichen.

Jede Idee, die letztendlich zu einem dieser Ziele wird, entsteht also erstmals in Ihrem Kopf, was im Prinzip auch schon der ganz entscheidende Faktor ist. Je nachdem, wie sich einer Ihrer Gedanken entwickelt, kann Sie das entweder schnell zum Erfolg bringen oder Ihnen genau dabei im Weg stehen. Mit der Kraft der Visualisierung können Sie Ihr eigenes Umfeld und Ihre Umstände so verwandeln, dass Sie nicht nur bedeutende Veränderungen auslösen, sondern auch für positive Ereignisse sorgen sowie Menschen und Erfolg in Ihr Leben ziehen lassen. Die Visualisierung nutzt die Kraft Ihres Verstandes so, dass sie automatisch auch zu der Kraft hinter jedem Ihrer Erfolge wird. Indem Sie also ein konkretes Ereignis, eine Situation oder ein ganz bestimmtes Objekt visualisieren, ziehen Sie dieses automatisch in Ihr Leben.

Für viele von Ihnen mag das vielleicht erst einmal sehr unglaubwürdig und fast schon magisch klingen, jedoch geht es dabei nicht um Magie, sondern um einen ganz natürlichen Prozess beziehungsweise um eines unserer wichtigsten Naturgesetze, auf das wir zu einem späteren Zeitpunkt noch genauer eingehen werden. Die meisten Menschen wenden diese Technik zwar bereits auf eine natürliche Weise, jedoch völlig unbewusst in Ihrem alltäglichen Leben an. Um den Erfolg zu maximieren, sollte der nächste Schritt sein, auch das Bewusstsein mit ins Spiel zu bringen, denn viele der erfolgreichsten Menschen in unserer heutigen Zeit setzen die Visualisierung ganz bewusst ein und ziehen den gewünschten Erfolg in ihr Leben, indem sie ihre Ziele so visualisieren, als hätten sie diese bereits erreicht. Doch wie genau funktioniert das und warum?

Obwohl unser Unterbewusstsein so mächtig und auch dazu in der Lage ist, uns in vielen Momenten nahezu zu manipulieren, lässt es sich umgekehrt auch genauso gut von uns manipulieren beziehungsweise beeinflussen. Es akzeptiert all Ihre Gedanken, die Sie häufig wiederholen, und ändert dementsprechend nicht nur Ihre Denkweise, sondern auch Ihre Gewohnheiten, was folglich auch Ihre Handlungen beeinflusst. Das eigentlich Interessante an unserem Verstand ist, dass er nur sehr schwer zwischen Realität und Vorstellung unterscheiden kann. Es ist also ganz egal, ob wir uns nur vorstellen, unseren Traumberuf auszuüben oder ob wir es tatsächlich tun. In beiden Fällen werden die gleichen Signale an unser Gehirn gesendet. Diese Signale wirken sich physisch so auf unsere Atmung, unseren Blutdruck und unsere Herzfrequenz aus, dass unsere Visualisierung genauso greifbar wie die Realität erscheint.

In der heutigen Zeit neigen die meisten Menschen aber leider dazu, sich an negativen Gedanken festzuhalten und demnach auch negative Situationen zu visualisieren. Auch ein mangelndes Verständnis der eigenen Vorstellungskraft ist manchmal für Leid oder Unzufriedenheit verantwortlich. Wenn Sie also immer vom Schlimmsten ausgehen, negative Reaktionen Ihrer Mitmenschen erwarten oder nicht von Ihrem Erfolg überzeugt sind, werden Sie im Umkehrschluss auch genau das in Ihr Leben ziehen.

Sobald Sie jedoch verstehen, wie Sie die Vorstellungskraft durch aktives Visualisieren richtig einsetzen können, wird sich auch Ihre Lebenseinstellung verändern. Diese Veränderung bringt Sie in völlig neue Situationen und somit auch in Kontakt mit neuen Menschen, die Ihnen dabei helfen können, die Ziele zu erreichen, die bereits in Ihrer Vorstellung entstanden sind.

Das liegt daran, dass jeder Ihrer Gedanken mit einer sehr kraftvollen und kreativen Energie ausgestattet ist, die unterbewusst von anderen gleichgesinnten Menschen wahrgenommen wird. Bevor wir nun jedoch näher auf diese Energien und deren Anziehungskraft eingehen, möchten wir Ihnen erklären, was es eigentlich mit Ihrem Unterbewusstsein auf sich hat, wie dieses funktioniert und warum es so wichtig ist, seine Funktion zu verstehen. Besonders im Zusammenhang mit der Visualisierung spielt dieses eine ganz bedeutende Rolle.

Das Unterbewusstsein

Wie Sie bereits wissen, hat jeder von uns ein Unterbewusstsein. Für die meisten Menschen endet das Wissen darüber aber bereits an dieser Stelle und Unzählige von ihnen sind der Überzeugung, dass sie keine Kontrolle über ihre Gedanken haben. Das Unterbewusstsein ist Ihr zweiter verborgener Verstand, der in Ihnen existiert. Es interpretiert Ihre vorherrschenden Gedanken, die sich in Ihrem Bewusstsein befinden und wirkt auf diese ein.

Das Unterbewusstsein ist darauf bedacht, Umstände und Situationen anzuziehen, die mit den Bildern in unserem Kopf übereinstimmen. Es denkt weder logisch noch rational oder analytisch. Es kennt keinen Unterschied zwischen Realität und Vorstellung, weshalb es im Hinblick auf unsere Zielerreichung auch so leicht zu manipulieren ist, wenn die richtigen Techniken angewendet werden. Während unser Bewusstsein zum Beispiel weiß, dass es Zeit braucht, um ein Ziel zu erreichen, kann Ihr Unterbewusstsein darauf programmiert werden zu glauben, dass Sie dieses bereits erreicht haben. Es heißt, dass unser Unterbewusstsein bis zu 95 % unseres Verhaltens an einem Tag beeinflusst, ohne dass wir es überhaupt bemerken. Es speichert all unsere Gefühle, Erinnerungen und Wünsche und kann diese zu jeder Zeit in unser Bewusstsein hervorrufen. Das ist auch ausschlaggebend dafür, dass wir oft die abgespeicherten Gefühle und Emotionen der Vergangenheit auf gegenwärtige Situationen übertragen und gewisse Erwartungen an diese haben. Das Unterbewusstsein entwickelt sich im Laufe unseres Lebens und saugt förmlich alles auf, was wir in unserem Umfeld wahrnehmen.

Dazu gehören auch die Verhaltensmuster anderer Menschen, wie zum Beispiel die unserer Eltern, Freunde und Arbeitskollegen. Wie bereits im vorherigen Abschnitt erwähnt, ist auch unser Unterbewusstsein dafür verantwortlich, dass wir sowohl positive als auch negative Emotionen, welche wir aus vergangenen Situationen abgespeichert haben, erneut erleben können. Das Unterbewusstsein ist unsere innere Stimme, die uns den ganzen

Tag begleitet. Manchmal gleicht diese Stimme einem furchtbar anstrengenden Geschwätz, das sich kaum bändigen lässt. Wenn Ihre innere Stimme Sie also unentwegt darüber informiert, dass das Leben negativ ist, werden Sie sich im Umkehrschluss auch nur auf die Negativität konzentrieren. Die Erfahrungen, die Sie machen, werden Ihre Befürchtungen und Zweifel widerspiegeln, die sich wiederum aus negativem Denken ergeben.

Um das Ganze etwas bildlicher zu veranschaulichen, stellen Sie sich Ihr Unterbewusstsein als einen ausgesprochen fruchtbaren Boden vor, in welchem sich alle Samen befinden, die Sie seit Beginn Ihres Lebens gesät haben. In dem Fall sind diese Samen Ihre konventionellen Gedanken und Überzeugungen, die tagtäglich und geradezu automatisch von Ihnen gesät werden. So wie aus jedem Samen eine Pflanze entsteht, hat auch der Inhalt Ihrer Gedanken einen Einfluss auf Ihr Leben.

Unser Bewusstsein hingegen ist der Gärtner, der diesen fruchtbaren Boden pflegt. Es liegt also in Ihrer Verantwortung, Ihr Bewusstsein zu verstehen und zu trainieren und mit Bedacht auszuwählen, welche Gedanken beziehungsweise welche Samen Sie in Ihrem Boden, also in Ihrem Unterbewusstsein, säen möchten. Leider ist diese Rolle des Gärtners den meisten Menschen völlig unbekannt. Wir haben nie gelernt, wie wir unser Bewusstsein eigentlich einsetzen können und dass es ein langer Prozess ist, durch bewusstes Denken auch gleichzeitig präsenter zu sein.

Deshalb halten wir uns oft an vergangenen Ereignissen fest oder verlieren uns in der Zukunft. Dadurch, dass wir also nur 5 % des Tages wirklich bewusst denken und handeln, haben wir über einen langen Zeitraum allen Arten von Samen, sowohl den guten als auch den schlechten, erlaubt, in unser Unterbewusstsein einzudringen. Es manifestiert Erfolg, Glück und Gesundheit genauso leicht wie Misserfolg, Unglück und Krankheit.

Das Bewusstsein

Bewusstsein zu erlangen erfordert Zeit. In erster Linie erfordert es jedoch Ihr Verständnis darüber, dass es einen bedeutenden Unterschied zwischen bewusstem und unbewusstem Denken gibt. Ihr Bewusstsein ist Ihr objektiver Verstand. Es hat kein Erinnerungsvermögen und kann immer nur einen Gedanken zur gleichen Zeit halten. Das Bewusstsein ist der Verstand Ihrer fünf Sinne, der es Ihnen ermöglicht, die physische Welt bewusst wahrzunehmen und zu erleben. Zunächst werden eingehende Informationen identifiziert.

Diese Informationen werden über einen oder mehrere Ihrer Sinne, also über das Sehen, Hören, Riechen, Schmecken oder Fühlen, wahrgenommen. Das Bewusstsein beobachtet und kategorisiert ständig und überall, was um Sie herum passiert. Es gibt Ihnen im Wesentlichen die Freiheit, zum Beispiel Entscheidungen ganz bewusst zu treffen. Abgesehen von der Fähigkeit zur Vernunft und zur Beurteilung Ihrer Gedanken, hat das Bewusstsein eine ganz wichtige und entscheidende Funktion. Es arbeitet als eine Art Wächter über das Unterbewusstsein.

Das bedeutet, dass Ihr Bewusstsein sicherstellt, dass nur erwünschte und befähigende Informationen Zugang zu Ihrem Unterbewusstsein erhalten. Grundsätzlich soll es als der alleinige Entscheider tätig sein, da Ihnen der Zugang zum Unterbewusstsein einzig und allein über das Bewusstsein möglich ist. Da die meisten Menschen jedoch kein Verständnis beziehungsweise nicht das nötige Wissen über diese wichtige Fähigkeit haben, erleben Sie Ihre Außenwelt in einem mehr oder weniger automatisierten Zustand und lassen alle Informationen der Medien, der Gesellschaft, ihrer Familie und ihres gesamten Umfeldes ungefiltert und unkontrolliert in das Unterbewusstsein gelangen. Ein großer Teil der Bevölkerung ist sich also gar nicht bewusst darüber, dass der Verlauf Ihres Lebens fast ausschließlich von einer Reihe tief verwurzelter unbewusster Programme gelenkt ist, die sich über einen langen Zeitraum manifestiert haben. Das Bewusstsein funktioniert im Prinzip wie ein Computer, der über die Entwicklung dieser Programme entscheidet. Die neuen Daten beziehungsweise Informationen werden also entweder akzeptiert oder abgelehnt.

Alle neuen Eindrücke werden sortiert und gefiltert und letzten Endes wählt das Bewusstsein ganz präzise aus, welche für Sie relevant sind und welche nicht. Und obwohl das Ganze vielleicht sehr einfach und durchaus einleuchtend klingt, ist unser Bewusstsein ein wahres Mysterium, denn wir wissen zwar, dass wir bewusst sind, jedoch nicht warum. Selbst die moderne Wissenschaft hat bislang noch keine Erklärung dafür, warum wir bewusst sind oder was genau das Bewusstsein eigentlich ist.

Alle Erfahrungen und Eindrücke, die wir machen und aufnehmen gleichen einem lebendigen inneren Film, der uns unsere Außenwelt nicht nur sehen, sondern auch fühlen lässt. Da kommt also die Frage auf, ob wir uns in der physischen Welt befinden oder die physische Welt in uns, denn sind es am Ende nicht doch wir, die diese Welt erschaffen, indem wir sie wahrnehmen und beobachten? Um die Kontrolle oder das Bewusstsein über Ihre Gedanken zu erlangen, müssen Sie vorab Ihr Denkverhalten konstruktiv wahrnehmen und bestimmte Verhaltensmuster erkennen. Das kann zum Beispiel funktionieren, indem Sie sich als eigener Beobachter Ihrer Gedanken versuchen. Auch das Beobachten und Hören Ihrer eigenen Gedanken kann besonders am Anfang etwas Übung erfordern, da Sie an das Hintergrundgeräusch Ihrer inneren Stimme gewöhnt sind.

Wenn Sie jedoch ganz bewusst eine Pause jeglicher Aktivität einlegen und für einen kurzen Moment mit dem aufhören, was Sie gerade tun, können Sie dieser inneren Stimme zuhören und beurteilen, was genau in Ihrem Kopf vor sich geht. Vielleicht können Sie in genau diesem Moment, in dem Sie auf Ihren nächsten Gedanken warten, feststellen, dass Ihre innere Stimme für einen sehr kurzen, aber dennoch bedeutenden Augenblick verstummt. Wenn Sie diesen Moment erleben, sind Sie gegenwärtig. In diesem Moment sind Sie sich vollkommen bewusst und haben einen Raum entdeckt, in dem bloßer Frieden herrscht.

Wenn Sie Ihre Gedanken beobachten, versuchen Sie nicht, über diese zu urteilen. Lassen Sie jeden Gedanken einfach kommen und gehen und hören Sie einfach nur zu. Achten Sie auch darauf, welche Emotionen mit Ihren Gedanken verbunden sind. Vielleicht ist Ihre innere Stimme kritisch oder besorgt, vielleicht sind Ihre Gedanken aber auch positiv und voller Dankbarkeit. Der nächste Schritt ist das Verständnis darüber, dass all unsere Gedanken und Emotionen nicht nur eine Auswirkung auf uns haben, sondern auch auf unser Umfeld.

Umso wichtiger ist es also, dass wir diese mit Sorgfalt behandeln und verstehen, dass jeder einzelne dieser Gedanken auch gleichzeitig eine energetische Schwingung hat. Je häufiger wir an etwas denken, desto mehr gleichschwingende Energien ziehen wir auch wieder an. Was genau das bedeutet, können Sie dem nächsten Abschnitt entnehmen.

Gedanken sind Energie

Alles, was Sie in der physischen Welt wahrnehmen, findet seinen Ursprung in der unsichtbaren inneren Welt Ihrer Gedanken und Überzeugungen. Um der Schöpfer Ihrer eigenen Realität zu werden, müssen Sie lernen, Ihre dominanten und gewohnheitsmäßigen Gedanken zu kontrollieren, damit Sie all das, was Sie haben und erleben möchten, auch in Ihrem Leben manifestieren können. Ihre Gedankenkraft ist grenzenlos. Es gibt ein einziges intelligentes Bewusstsein, das unser gesamtes Universum durchdringt. Dieses intelligente Bewusstsein ist allmächtig, kreativ und überall zur gleichen Zeit präsent. Ihr Verstand ist also nur ein Teil von diesem viel größeren universellen Verstand.

Das Universum ist grenzenlos und da auch Ihr Verstand ein Teil davon ist, können Sie daraus schließen, dass das Gleiche auch auf Ihre Gedankenkraft zutrifft. Die ganze Welt besteht aus einer Vielzahl von Gedanken, die in den Köpfen unzähliger Menschen entstehen und sich so zu einem riesigen energetischen Feld entwickeln. Wohin Sie auch gehen, nehmen Sie diese Energien auf. Ihr Verstand hat also die Kraft, Gedanken anzuziehen oder abzustoßen.

Deshalb ziehen Sie von Natur aus die Gedanken an, die Ihren eigenen ähneln und lehnen das ab, was nicht Ihren Ansichten entspricht. Umgeben Sie sich zum Beispiel mit Menschen, die oft negativ denken, wird dies früher oder später auch auf Ihr eigenes Verhalten abfärben. Umgekehrt beeinflusst auch jeder Ihrer Gedanken Ihre Mitmenschen und Ihre Umgebung. Jedes Ereignis in Ihrem Leben ist auf Ihre Gedanken zurückzuführen. Alles, was Sie also in Ihrer physischen Welt wahrnehmen, findet seinen Ursprung in Ihrer inneren mentalen Welt.

Anders ausgedrückt: Die Gegebenheiten und Umstände in Ihrem Leben sind das Ergebnis Ihrer kollektiven Gedanken und Überzeugungen. Das kann Ihre aktuelle finanzielle Lage, aber auch Ihr gesundheitlicher Zustand sein. Ein Großteil der Menschen geht jedoch davon aus, dass ihre äußeren

Umstände und Einflüsse dafür verantwortlich sind, wie sie fühlen und denken, ohne sich bewusst darüber zu sein, dass es einzig und allein ihre eigene Gedankenkraft ist, die genau diese Umstände schafft, ob gewollt oder ungewollt. Unsere individuellen Gedanken sind im Allgemeinen eher schwach, da unser Verstand in jedem einzelnen Moment unzählige davon erzeugt. Je bewusster wir uns über diese sind, desto stärker werden sie. Wir können die Kraft unserer Gedanken also durch gezieltes Bewusstsein, vor allem aber durch gezielte Wiederholung trainieren und erhöhen.

Wenn Sie sich bemühen und üben, positive und konstruktive Gedanken zu entwickeln, werden Sie auch wiederum mehr davon anziehen. Zwar ist es wichtig zu lernen, sich Ihrer gewohnheitsgemäßen Gedanken bewusst zu werden und diese gegebenenfalls anzupassen oder zu ändern, um eine insgesamt positive Einstellung zu entwickeln, jedoch sollten Sie darauf achten, dass dies nicht zu einer Besessenheit wird.

Wenn Sie also Ihre Gedanken beobachten und jeden von Ihnen bis auf den Kern interpretieren, ist das noch kontraproduktiver, als sich dessen überhaupt nicht bewusst zu sein. Wenn Sie jeden Ihrer Gedanken interpretieren, verleihen Sie diesem automatisch auch mehr Kraft. Das kann bei positivem Denken natürlich von großem Vorteil sein, funktioniert aber genauso gut bei negativem unerwünschtem Denken. Üben Sie stattdessen lieber, unerwünschte Gedanken durch etwas Positives zu ersetzen. Das hilft Ihnen dabei, negative Gedanken unmittelbar zu entkräften.

Um das Ganze noch einmal zusammenzufassen und auf den Punkt zu bringen: Ihr Leben ist das Spiegelbild Ihrer Gedanken, Überzeugungen und mentalen Einstellung. Die Lösung besteht also darin, aus dem Wirbel aus negativen Gedanken, den wir uns selbst geschaffen haben, auszubrechen und so oft es geht an alles Positive zu denken. Besonders wichtig ist dies, kurz bevor Sie schlafen gehen, denn kurz bevor Sie einschlafen, ist die Verbindung zum Unterbewusstsein besonders kraftvoll und alle Erlebnisse des Tages spielen sich erneut in Ihrem Verstand ab. Außerdem können Gedanken an den bevorstehenden Tag negative Gefühle oder sogar Ängste auslösen, die das Unterbewusstsein stark beeinflussen. Positives Denken sollte aber nicht nur in einer bestimmten Situation oder wegen eines bestimmten Umstandes geübt werden, sondern sich über lange Zeit zu Ihrer allgemeinen Denk- und Lebensweise entwickeln.

Indem Sie ständig nur auf positive Weise denken, stellen Sie sicher, dass sich auch nur die positiven Dinge in Ihrem Leben manifestieren. Denken Sie nicht in Zukunftsform, sondern immer gegenwärtig und manifestieren Sie die Dinge so, als würden Sie bereits in Ihrem physischen Leben existieren. So ziehen Sie auch das an, was Sie sich in Ihrer Realität wünschen.

Das Gesetz der Anziehung

Mit der Kraft unserer Gedanken können wir unsere Träume und Wünsche wahr werden lassen. Um diese Aussage zu bekräftigen, war es also in erster Linie wichtig zu verstehen, dass alles und jeder energetisch miteinander verbunden ist. Denn wie könnte die Kraft der Anziehung sonst funktionieren? Für diese Anziehungskraft gibt es ein Gesetz – ein Gesetz, das den meisten Menschen und vielleicht auch Ihnen bislang völlig unbekannt ist: das Gesetz der Anziehung oder auch Gesetz der Resonanz. Dieses Gesetz besagt, dass Gleiches auch immer Gleiches anzieht. Das umfasst alles, was in Ihr Leben kommt und auch all das, was Sie im Laufe Ihres Lebens erleben.

Dieses Phänomen geschieht tatsächlich einzig und allein durch die magnetische Kraft Ihrer Gedanken und Emotionen, immer und zu jeder Zeit. Dabei ist es völlig egal, um welche Art von Gedanken es sich handelt. Das Gesetz der Anziehung differenziert weder zwischen guten oder schlechten Gedanken, noch ist es abhängig von der Zeit.

Demnach ist es also unabhängig davon, ob Sie über Ihre Vergangenheit, über die Zukunft oder über den gegenwärtigen Moment nachdenken. Das Resonanzgesetz hat zu jeder Zeit einen Einfluss auf Ihr Leben und da es keinerlei Differenzierungen kennt, auch einen direkten Einfluss auf die ganze Welt. Nichts ist von dieser Kraft ausgeschlossen und sie wirkt an jedem Ort und für jeden Menschen gleichermaßen.

Häufig kommt es gerade in Bezug auf die Handlung des Gesetzes zu einigen Missverständnissen: Es heißt nicht, dass ein bloßer Gedanke an etwas ausreicht, um es in unser Leben zu ziehen, und schon gar nicht bedeutet es, dass wir diese Kraft dafür einsetzen können, um unser Leben materiell zu bereichern. Denn viel wichtiger als der Gedanke selbst ist die Emotion, die dahintersteckt. An etwas zu denken und wirklich daran zu glauben, sind zwei vollkommen unterschiedliche Dinge. Ein Gedanke, der aus unserem Unterbewusstsein entsteht, ist häufig sogar völlig irrelevant und hat nichts mit dem zu tun, von dem wir wirklich überzeugt sind. Anhand des folgenden Beispiels lässt sich das ganz einfach erklären: Stellen Sie sich vor, dass Sie während Ihrer Visualisierung immer wieder daran denken, dass Sie diesen einen, ganz bestimmten Job unbedingt haben möchten.

Natürlich können Sie Ihr Unterbewusstsein so programmieren, dass es diesen Gedanken abspeichert, allerdings reicht der Gedanke allein nicht aus. Wenn Sie also diesen Job haben möchten, aber eigentlich davon überzeugt sind, dass Sie dieses Ziel womöglich nie erreichen werden, weil Sie eventuell nicht qualifiziert oder ambitioniert genug dafür sind, dann werden Sie auch genau das anziehen. Oft stimmen unsere Gedanken nicht mit unseren Überzeugungen und Emotionen überein.

Das lässt sich immer besonders gut beobachten, wenn wir auf der Suche nach Veränderungen sind. Wir möchten etwas ändern, sind aber emotional sehr an Erlebnisse aus der Vergangenheit gebunden und deshalb oft nicht davon überzeugt, dass eine Veränderung wirklich möglich ist. Diese vergangenen Erfahrungen sind außerdem sehr oft mit Ängsten und Zweifeln verbunden und können deshalb bei der Erreichung unserer Ziele zu unserem größten Hindernis werden.

Wir alle haben den freien Willen und die Macht, den Inhalt unseres Lebens und dessen Entwicklung selbst zu bestimmten. Die Art und Weise, wie wir darüber denken und die Energiefrequenz, die hinter diesen Gedanken steckt, ist daher besonders wichtig. Ganz gleich, wie schwierig die Umstände auch sein mögen, es ist besonders wichtig, so positiv wie möglich zu denken. Dieses Prinzip lässt sich auf alles in Ihrem Leben anwenden. Das klingt theoretisch sehr einfach, muss aber vor allem in der Praxis geübt werden. Denn Sie haben mit Sicherheit auch schon einmal eine Situation erlebt, in der Sie nicht mehr wussten, was Sie tun sollen. Zur Veranschaulichung eignen sich immer Geldsorgen – Sorgen, die sich über mehrere Generationen im Leben vieler Menschen manifestiert haben.

Obwohl gerade diese Situationen mit Sicherheit schwierig sind, müssen Sie positives Denken vermehrt üben. Wenn Sie sich durch weitere negative Gedanken in Ihre schlechte finanzielle Lage hineinsteigern, wird sie sich noch schlimmer entwickeln. Das heißt, je mehr Sie sich auf den wahrgenommenen Geldmangel konzentrieren, umso weniger Geld werden Sie auch im Umkehrschluss erhalten. So agiert das Gesetz der Anziehung. Jeder Ihrer Gedanken muss darauf ausgerichtet sein, dass Sie etwas erschaffen können. Sie müssen davon überzeugt sein, dass Sie etwas an Ihrer Lage verändern können, ohne sich dabei von früheren Erfahrungen und Überzeugungen kontrollieren zu lassen. Sie sind verantwortlich dafür, was Sie in Ihr Leben ziehen und wie Ihre Realität sich dadurch verändert.

Gedanken und Emotionen

Die meisten Menschen, die zum ersten Mal auf das Gesetz der Anziehung stoßen, davon hören oder darüber lesen, denken vielleicht, dass Sie das Prinzip verstanden haben, sind sich aber über einen ganz bestimmten und entscheidenden Aspekt nicht bewusst: Der Glaube daran, dass sie alles erreichen können, indem sie nur oft und lange genug daran denken, ist schlicht und ergreifend falsch.

Was dem Großteil der Menschen dabei entgeht, ist die Tatsache, dass ein Gedanke allein nicht ausreicht. Ein Gedanke allein ist nicht kraftvoll genug, um etwas in Ihrer physischen Welt zu realisieren. Die entscheidenden Faktoren, um die Dinge zu erreichen, die Sie sich wünschen, sind zum einen Ihre Emotionen und zum anderen das, woran Sie wirklich glauben. Alles, was in der physischen Welt existiert, basiert auf dem, was Sie für wahr halten, nicht auf dem, was Sie sich vorstellen.

Während also ein Gedanke die Formulierung Ihres Wunsches ist, geben Ihre Emotionen diesem Wunsch erst einen Wert. Es geht also nicht um Ihren Verstand, sondern um das, was Sie wirklich von tiefstem Herzen glauben und wovon Sie wirklich überzeugt sind. Das ist ein ganz bedeutender und entscheidender Unterschied. Sie können sich natürlich vorstellen, glücklich und zufrieden zu sein, ein erfülltes Leben zu führen, ohne Sorgen und Zweifel oder vielleicht stellen Sie sich vor, eine perfekte Partnerschaft zu führen. In Ihrer Vorstellung sind Ihnen keinerlei Grenzen gesetzt. Sie können all diese Dinge jedoch nur dann realisieren, wenn auch Ihre Emotionen mit diesen Gedanken übereinstimmen.

Wenn Ihre Gedanken eine negative Emotion auslösen, werden Sie höchstwahrscheinlich das Gegenteil von dem anziehen, was Sie sich eigentlich wünschen, was Sie haben, tun oder sein möchten. Eventuell wird der gesamte Prozess der Anziehung sogar unterbrochen. Stellen Sie sich vor, Sie wollen eine Million Euro in Ihrem Leben manifestieren.

Welche Emotionen ruft dieser Gedanke in Ihnen hervor? Löst der Gedanke daran, dass Sie so unfassbar viel Geld haben, Freude, Euphorie und Zufriedenheit aus oder spüren Sie eher Unsicherheit und Zweifel, weil Sie gar nicht so genau wissen, wie Sie überhaupt zu solch einer Geldsumme kommen sollen? Durch diese Art von Gedanken geraten Sie von Ihrer eigentlichen Absicht ab und senden eine gemischte und sehr uneindeutige Botschaft an das Universum. Die Herausforderung besteht also darin, dass Ihre Gedanken mit Ihren Emotionen übereinstimmen.

Wenn Sie etwas wirklich wollen, muss es eine starke und positive Energie in Ihnen hervorrufen, welche im besten Fall auch ohne jegliche Ablenkung und möglichst dauerhaft anhält. Meistens sind es Ihre unterbewussten negativen Überzeugungen, die dafür sorgen, dass Ihre ebenfalls negativen Emotionen immer wieder hervorgerufen werden.

Doch woran genau können Sie eine Überzeugung erkennen? Eine Überzeugung ist etwas, woran Sie wirklich glauben. Es ist die Vereinigung Ihrer Gedanken und Emotionen. Sie geben einem Gedanken Leben, indem Sie ihn mit einer Emotion verbinden. Das Gefühl, das dabei entsteht, ist letzten Endes der entscheidende Faktor, der dafür sorgt, dass Sie mit dem Gesetz der Anziehung auch Ihre Wünsche in der physischen Welt manifestieren können. Diese Gefühle entstehen nicht in Ihrem Kopf durch Ihre Gedanken, sondern tief in Ihrem Herzen.

All Ihre Überzeugungen sind mit Gefühlen verbunden. Grundsätzlich kann man zwischen zwei Gefühlen unterscheiden, die den größten Einfluss auf unser Leben haben: Liebe und Angst. Andere Gefühle wie Hass, Trauer, Freude oder Mitgefühl entstehen erst dann, wenn Sie einen Ihrer Gedanken mit Liebe oder Angst nähren. Eines der Gewohnheitsmuster des Verstandes ist die Reaktion auf Emotionen. Demnach kann auch genau diese Reaktion der Grund für Leid und jegliche andere Negativität sein.

Durch kontinuierliche Übung und auch durch regelmäßiges Visualisieren können Sie trainieren, nicht auf jede Ihrer Emotionen zu reagieren. Sie können üben, diese Emotionen einfach zu beobachten, ohne sie zu bewerten und Ihren Gemütszustand zu verändern. Im Verstand auftauchende

Emotionen sind immer frei von jeglicher Wertung. Erst dann, wenn der Verstand auch auf diese Emotionen reagiert, entstehen Gefühle wie Sorgen oder Zweifel. Einen Ausgleich zwischen Gedanken und Emotionen zu schaffen und somit auch das auszustrahlen, was Sie in Ihr Leben ziehen möchten, ist nichts, was Sie über Nacht lernen. Ganz im Gegenteil. Es ist eine Herausforderung und wird Ihnen wahrscheinlich auch nie vollkommen gelingen.

Dennoch gibt es ein einfaches Prinzip, mit welchem Sie Ihr Unterbewusstsein und Ihre mit Emotionen verbundenen Gedanken neu programmieren können: Die Rede ist von dem „Handeln als ob“-Prinzip. Dieses Prinzip kann in fast allen Lebensbereichen angewendet werden und besagt, dass jemand, der etwas in seinem Leben manifestieren will, so tun muss, als ob er es bereits hat. Es geht also darum, dass Sie sich so verhalten, als hätten Sie Ihr Ziel bereits erreicht. Das gilt jedoch nicht nur für Ihre Gedanken, sondern auch für alle anderen Eigenschaften, also für Ihre Bewegung, Ihre Art zu sprechen, Ihre Körperhaltung und Ihr gesamtes Verhalten.

Einfach ausgedrückt: Sie müssen sich wie die Person verhalten, die Sie gerne wären. Möchten Sie erfolgreich sein, bedeutet das, dass Sie so handeln, sprechen und denken müssen, wie ein erfolgreicher Mensch es tun würde. Das Prinzip des „Handelns als ob“ ist genauso real wie das Gesetz der Schwerkraft. Sie können die Schwerkraft um sich herum nicht sehen, aber Sie können sie fühlen.

Das Gleiche gilt auch, wenn Sie so handeln, als hätten Sie Ihre Ziele bereits erreicht. Sie können die Dinge vielleicht noch nicht in Ihrer physischen Welt sehen, aber Sie können sich so fühlen, als wären sie bereits da. In Ihrem Verstand können all diese Dinge bereits existieren, bevor sie sich manifestieren. Der Schlüssel zum Erfolg besteht darin, Harmonie zwischen dem zu schaffen, was Sie sich wünschen, woran Sie denken und wie Sie handeln. Den meisten Menschen fällt es gerade deshalb schwer so zu handeln, als hätten sie die Dinge, die sie sich wünschen, bereits erreicht, weil ihr Handeln nicht mit ihren Emotionen übereinstimmt.

Wenn Sie Ihren Verstand auf eine gewisse Organisationsebene bringen, wird sich auch automatisch der Rest Ihres Systems organisieren, also Ihr Körper, Ihre Emotionen und Ihre Energie. Alles wird in ein und dieselbe Richtung geordnet. Sobald also all diese vier Elemente im Einklang sind, kann alles real werden, was Sie wollen, ohne dass Sie tatsächlich aktiv handeln müssen. Eine aktive Handlung würde den Prozess zwar unterstützen, aber auch ohne körperlich dafür zu arbeiten, können Sie Ihre Wünsche manifestieren, vorausgesetzt Ihr Verstand, Ihre Emotionen, Ihr Körper und Ihre Energien sind über einen konstanten Zeitraum im Einklang.

Aktuell ist das Problem Ihres Verstandes, dass er in jedem einzelnen Moment seine Richtung ändert. Es ist, als würden Sie eine Reise antreten und nach jedem Schritt in eine andere Richtung gehen. In dem Fall würden Sie sich höchstwahrscheinlich auch die Frage stellen, ob Sie Ihr ursprüngliches Ziel je erreichen werden. Genau so können Sie das auch auf Ihren Verstand und auf Ihre Lebensziele übertragen.

Wenn Sie an etwas Bestimmtes denken, aber etwas anderes fühlen und sich in die falsche Richtung bewegen, wird das, was Sie sich eigentlich wünschen, auch nicht passieren. Stellen Sie sich vor, Sie planen ein Haus zu bauen. Zunächst beginnen Sie mit dem einfachen Gedanken über den Bau und die finanziellen Mittel, die Sie benötigen, um das Haus nach Ihren Wünschen zu gestalten. Wenn Ihre Gedanken aber plötzlich abschweifen, weil Sie sich fragen, wie Sie das Ganze eigentlich finanzieren sollen, senden Sie gleichzeitig das Signal, dass Sie nicht davon überzeugt sind, dass Sie dieses Haus wirklich bauen können. Das mag im ersten Moment kompliziert klingen, ist aber eigentlich ein ganz einfaches Prinzip.

Einerseits erzeugen Sie den Wunsch, dass Sie etwas wollen, andererseits sagen Sie jedoch, dass Sie es eigentlich unmöglich umsetzen können. Wenn Sie sich dauerhaft mit diesem Konflikt aufhalten, wird dieser Wunsch höchstwahrscheinlich auch nie in Erfüllung gehen. Genauso ist es auch mit Ihrem Glück und mit Ihrem allgemeinen Wohlbefinden. Der Hauptgrund dafür, dass Sie unglücklich und unzufrieden sind, ist der, dass Ihr Leben nicht so abläuft, wie Sie es sich vorstellen. Verläuft Ihr Leben jedoch nach

Ihren Vorstellungen, sind Sie automatisch glücklich und zufrieden. Es ist genauso einfach, wie es klingt. Sie können bestimmen, ob Ihr Gedanke zur Realität wird oder nur ein leerer Gedanke bleibt. Die Frage danach, ob etwas möglich ist oder nicht, beschäftigt jeden Menschen auf der Welt und bringt eine Menge Negativität mit sich. Was möglich ist und was nicht, liegt jedoch nicht in unserer Hand. Es ist eine Entscheidung der Natur.

Unsere einfache Aufgabe besteht darin, nach dem zu streben, was wir wirklich wollen. Die Problematik dabei ist, dass vergangene Lebenserfahrungen immer wieder als Grundlage dafür verwendet werden, ob wir etwas für möglich halten oder nicht. Mit anderen Worten: Wir haben uns dafür entschieden, dass das, was bisher noch nicht geschehen ist, auch in Zukunft nicht geschehen kann. Alles, was bis zum jetzigen Zeitpunkt noch nicht passiert ist, kann morgen passieren. Der menschliche Verstand ist in der Lage, es morgen zu verwirklichen.

Jeder Gedanke, der auf eine kraftvolle Weise und ohne jegliche Negativität erschaffen wird, kann sich manifestieren. Es geht auch darum, in den Prozess des Lebens zu vertrauen, darauf zu vertrauen, dass alles zum richtigen Zeitpunkt und am richtigen Ort passieren wird. In der heutigen Zeit haben viele Menschen das Vertrauen und den Glauben an diese Tatsache verloren. Wenn Sie Gedanken und Emotionen miteinander verbinden, ist alles möglich, ohne jeden Zweifel. Sobald Sie einen stetigen Gedankenfluss aufrechterhalten können, ohne Ihre Richtung zu ändern, werden Ihre Wünsche und Ziele sich als Realität in Ihrem Leben manifestieren. Dafür müssen Sie sich aber zuerst einmal darüber im Klaren sein, was Sie wirklich wollen. Jeder Mensch möchte im Prinzip nur eines – ein glückliches und friedliches Leben führen. In Bezug auf seine Beziehungen möchte er geliebt und umsorgt werden. Es geht darum, Frieden mit sich selbst und dem eigenen Umfeld zu finden.

Wenn Sie sich jeden Tag dafür einsetzen, das zu erschaffen, was Ihnen am Herzen liegt, wird auch Ihr Verstand sich mit dieser Emotion identifizieren. Ein weiterer Schritt des „Handeln als ob"-Prinzips besteht darin, dieses Handeln konsequent zu üben. Wenn Sie es in Ihrem Unterbewusstsein manifestieren wollen, damit es ein Teil Ihres Lebens und gleichzeitig auch zur Gewohnheit wird, müssen Sie dranbleiben.

Wenn Sie so tun, als wären Sie die erfolgreiche Person, die Sie gerne sein möchten und wenn der Gedanke daran auch mit Ihrem Handeln und mit Ihren Emotionen übereinstimmt, werden Sie schon nach kurzer Zeit beginnen, daran zu glauben, dass Sie diese Person bereits sind. Dann werden schließlich auch die Ergebnisse folgen. Neben all der konsequenten Wiederholung und dem „Handeln als ob“ müssen Sie vor allem eines: loslassen. Es klingt paradox, dass Sie das bekommen, was Sie wollen, wenn Sie sich von dem Verlangen danach lösen. Wenn Sie ungeduldig sind und Druck auf sich selbst beziehungsweise auf den Prozess ausüben, werden Sie sich nur selbst im Weg stehen. Sobald Sie dieses Verlangen jedoch losgelassen haben und sich wirklich so fühlen, als ob Sie bereits das hätten, was Sie wollen, wird es auch zu Ihnen kommen.

Realität kreieren

Alles, was Sie im Laufe der Zeit erleben, haben Sie selbst kreiert. Um das Ganze mit anderen Worten auszudrücken: Sie erschaffen Ihre eigene Realität. Und das haben Sie wahrscheinlich getan, ohne überhaupt davon zu wissen. Sie kreieren ständig, in jedem einzelnen Augenblick. All Ihre vorherrschenden Gedanken, Gefühle und Überzeugungen beeinflussen Ihre Realität auf positive und negative Weise.

Während Ihre positiven, bewussten und zielorientierten Gedanken, Gefühle und Überzeugungen Ihnen ermöglichen, sich Ihre Wünsche zu erfüllen und Ziele zu erreichen, kreieren Ihre negativen und unkontrollierten Gedanken und Überzeugungen, die aus Ihrem Unterbewusstsein kommen, das Gegenteil.

Diese Gedanken halten Sie davon ab, Ihre Ziele zu erreichen und wirken wie ein Magnet für weitere negative und unerwünschte Erfahrungen. Angenommen, Sie setzen sich ein Ziel, wollen dieses schnellstmöglich erreichen, realisieren aber wenig später, dass es mehr Zeit in Anspruch nimmt, als Sie erwartet haben.

Diese Erfahrung kann dafür sorgen, dass Ihre Motivation nachlässt, Sie ungeduldig werden und Sie das Ganze mit weiterer Negativität assoziieren. Ihre einst positiven Gedanken werden also innerhalb kürzester Zeit von den negativen Ansichten beeinflusst und es entsteht ein Kreislauf aus Unzufriedenheit und Misserfolg und im schlimmsten Fall resultiert daraus eine negative Grundeinstellung, die sich auch auf all Ihre weiteren Ziele auswirkt. Es kann aber natürlich auch das genaue Gegenteil der Fall sein.

Manchmal scheint einfach alles ohne großen Aufwand zu funktionieren und die Dinge laufen genauso, wie Sie es sich vorgestellt haben. Das kommt dann zustande, wenn Sie sich innerlich in einem energetischen Gleichgewicht befinden. Und genau dieses Gleichgewicht Ihrer positiven Gedanken, Gefühle und Überzeugungen erzeugt ein so starkes energetisches Feld, dass die Verbindung zu all den Dingen hergestellt wird, die Sie benötigen, um das zu erreichen, was Sie sich wünschen und um all das auch in der physischen Realität zu manifestieren.

Versuchen Sie einmal, eine bestimmte Zeit oder sogar eine konkrete Situation in Ihr Bewusstsein zu rufen, in der Sie das Gefühl hatten, dass alles vollkommen reibungslos und ohne jegliche Probleme funktioniert hat. Vielleicht haben Sie ein wichtiges Jobangebot bekommen, einen großartigen Menschen kennengelernt oder Sie waren beruflich, sportlich oder einfach in Ihrem Privatleben in einer anderen Hinsicht erfolgreich. Haben Sie all diese Dinge jemals hinterfragt?

Mit hoher Wahrscheinlichkeit haben Sie sich einfach über diese Erfolge gefreut, aber nicht darauf geachtet, wie und warum alles so funktioniert hat, wie Sie es sich gewünscht haben. Denn all diese Dinge passieren aus einem bestimmten Grund und haben sich schon über einen längeren Zeitraum in Ihrem Unterbewusstsein manifestiert.

Alle Prozesse, die außerhalb von Ihnen stattfinden, sind immer direkt mit Ihrem Inneren verbunden. Das bedeutet, dass Sie sowohl für alle positiven als auch für alle negativen Erfahrungen in Ihrem Leben selbst verantwortlich sind. Und obwohl niemand von uns gerne negative Erfahrungen macht, sind gerade diese besonders wichtig für unsere Entwicklung.

Jedes dieser Erlebnisse zeigt uns, welche Überzeugungen wir erneut überdenken sollten und welche Perspektiven geändert werden müssen, damit wir unsere Ziele erreichen können. Sie können außerdem dabei helfen, dass Sie sich selbst reflektieren, zu sich selbst finden und an neuen Herausforderungen wachsen.

Wenn Sie lernen, ganz bewusst einen positiven Gedanken mit einer ebenfalls positiv ausgerichteten Emotion und Überzeugung zu kreieren, können Sie jeden negativen Umstand in einen positiven umwandeln.

Das Gute daran ist, dass das mit all Ihren Gedanken funktionieren kann, wenn Sie bereit sind, diese innere Kraft zu nutzen und Ihre Ansichten zu ändern. Die wahre Kraft und somit auch Ihr mächtigstes Werkzeug ist also Ihr Bewusstsein. Bewusstes Denken ist positiv, zielorientiert und wird im Gegensatz zu unbewusstem Denken von Ihnen gesteuert. Diese

Gedanken richten sich auf all Ihre Bedürfnisse, Wünsche, Ziele und Absichten. Der entscheidende und wichtige Unterschied zum unbewussten Denken liegt jedoch darin, dass Ihre bewussten Gedanken mit Ihrer Intuition verbunden sind und deshalb auch durch die Kraft der Überzeugung und der positiven Emotionen bestärkt werden.

Am Ende sind es eben genau diese mit positiven Emotionen verbundenen Gedanken, die sich manifestieren und eine ebenfalls positive Realität erschaffen. Der erste Schritt, um die Kontrolle über Ihre Gedanken zu erlangen, besteht darin, unerwünschte Muster zu erkennen.

Solange Sie nicht erkennen, welche Überzeugungen und Verhaltensweisen nicht zu Ihrem Nutzen sind, können Sie auch keine positiven Veränderungen erwarten. Das bringt uns wieder zurück zu dem Versuch, zum Beobachter Ihrer eigenen Gedanken zu werden.

Denn an diesem Punkt stellen Sie schnell fest, welche davon zu einem glücklichen und erfolgreichen Leben beitragen und welche eher das Gegenteil bewirken und Sie davon abhalten, Ihre Ziele zu erreichen.

Jeder von uns kreiert oder erschafft also seine eigene Realität mit seiner eigenen Vorstellungskraft. Wir können unsere Vorstellungskraft in vielen Bereichen unseres Lebens einsetzen und grundsätzlich ist es dabei völlig egal, welches Ziel wir verfolgen. Es muss nicht immer gleich ein konkretes Ziel sein, dass Sie zu einem ganz bestimmten Erfolg führt, denn durch Visualisierung können Sie alles erschaffen, was Sie sich jemals vorgestellt haben.

Warum visualisieren?

Wir haben in den vorherigen Absätzen bereits grob angeschnitten, in welchen Hinsichten die Praxis der Visualisierung eigentlich sinnvoll ist beziehungsweise zu welchen Zwecken sie eingesetzt werden kann. Da dies aber neben den verschiedenen Techniken und Arten der Visualisierung ein sehr ausschlaggebender Aspekt ist, möchten wir uns damit im folgenden Abschnitt intensiver befassen. Denn nur zu wissen, dass Sie durch das Visualisieren Ihre Ziele erreichen und Ihr Leben völlig neu gestalten können, reicht an dieser Stelle nicht aus, um all das am Ende auch in die Praxis umzusetzen. Grundsätzlich kann man sagen, dass eine Visualisierung in jeder Hinsicht Sinn macht, ganz unabhängig davon, welche Träume und Wünsche Sie haben.

Die regelmäßige Praxis kann Sie in vielen Lebensbereichen weiterbringen und die Frage nach dem *Warum* werden Sie sich schon nach kurzer Zeit selbst beantworten können. Bleiben wir zunächst aber beim Thema Ziele erreichen. Ein Ziel kann grundsätzlich alles sein, selbst wenn es dabei nur darum geht, den Abwasch zu machen oder zum Sport zu gehen. All das sind Dinge, die Sie sich tagtäglich vornehmen und fest in Ihren Alltag einplanen.

Das Ziel ist es, all diese kleinen Aktivitäten zu erledigen, um Ihren ganz persönlichen Kreislauf des Lebens aufrechtzuerhalten. Während Sie einige Dinge ganz automatisch und mit einer absoluten Selbstverständlichkeit tun, erfordern andere Dinge ein wenig mehr Motivation und Disziplin. Wer würde zum Beispiel in Frage stellen, sich nach dem Aufstehen die Zähne zu putzen oder generell für die tägliche Körperhygiene zu sorgen? Wahrscheinlich niemand. Dennoch ist es so, dass uns andere Dinge mehr Überwindung kosten.

Wie häufig haben Sie schon nach stundenlangen Überlegungen entschieden, heute einmal nicht zum Sport zu gehen und stattdessen Ihren Abend lieber auf dem Sofa zu verbringen? Dass wir unterschiedliche Dinge von unterschiedlicher Wichtigkeit sehen, liegt einzig und allein in unserer Verantwortung und beginnt, wie eigentlich alles andere auch, in unserem Verstand. Durch Visualisierung können Sie diesen jedoch umpolen und Ihre Grundeinstellung und Ihre Denkweisen ändern.

Ziele erreichen

Bevor Sie mit der eigentlichen Praxis beginnen, sollten Sie sich ein konkretes Ziel setzen. Das wird Ihnen nicht nur helfen, fokussiert zu bleiben, sondern auch dabei den richtigen Weg zu finden, der Sie am Ende auch wirklich dorthin führt, wo Sie hinmöchten. Wenn Sie vorab Ihre Vorstellungskraft dafür nutzen und bereits das Ergebnis visualisieren beziehungsweise das positive Gefühl, dass Sie erfolgreich waren, ist es sehr viel wahrscheinlicher, dass Sie auch die Arbeit, die Sie tun müssen, um an diesen Punkt zu gelangen, positiver bewerten.

Alles, wovon Sie träumen und all das, was Sie sich visuell vorstellen können, können Sie auch in der Realität erreichen. Einige Dinge müssen Sie jedoch beachten, bevor Sie mit dem Visualisieren beginnen. Ein gutes Ziel sollte spezifisch und so detailliert wie möglich sein. Das heißt, dass Sie nicht nur darüber nachdenken müssen, was Sie wollen, sondern auch darüber, warum Sie es wollen, wann Sie dieses Ziel erreichen möchten, ob vielleicht noch andere Menschen in diesen Prozess involviert sind, ob das Ziel eventuell an einen bestimmten Ort gebunden ist und welchen Nutzen Sie letztendlich daraus ziehen werden.

Am wichtigsten ist jedoch, dass Sie davon überzeugt sind, dass dieses Ergebnis möglich ist, denn Sie werden in der Umsetzung feststellen, dass es durchaus möglich ist, hin und wieder auf ein kleineres Hindernis auf Ihrem Weg zu stoßen. Die Visualisierung kann Ihnen im Moment eines eventuellen Rückschlags dabei helfen, das Vertrauen in den Prozess aufrechtzuerhalten und Ihr Ziel im Auge zu behalten. Beginnen Sie also damit, sich ein konkretes Bild in Ihrem Kopf zu erstellen oder schreiben Sie sich im besten Fall Ihr Ziel so konkret wie möglich auf.

Je genauer Sie dabei sind, umso leichter wird es sein, Ihr Unterbewusstsein davon zu überzeugen, dass das Ergebnis bereits zur Realität geworden ist. Das funktioniert besonders gut, wenn Sie Ihre Zielsetzung so formulieren, als hätten Sie diese bereits erreicht. Das wird Ihnen ebenfalls dabei helfen, motiviert und zielorientiert zu bleiben. Stellen Sie sicher, dass sich dieser Zettel immer in sichtbarer und greifbarer Nähe befindet. Zusätzlich können Bilder von Objekten oder vielleicht von Menschen, die in den Prozess involviert sind, eine gute Ergänzung sein.

Wenn Sie sich ein ganz klares Bild davon gemacht haben, wie Ihr Ziel aussehen soll, sollten Sie dieses Bild im nächsten Schritt an Ihre Emotionen knüpfen. Versuchen Sie, sich ganz genau und detailliert vorzustellen, welche Emotionen Sie empfinden werden, nachdem Sie das Ziel erreicht haben. Durch diese positive emotionale Verbindung mit Ihrem Verstand werden Ihre Motivation und Ihr Selbstvertrauen enorm gesteigert. Stellen Sie sich vor, wie sich auch andere Situationen und darauffolgende Ereignisse in Ihrem Leben verändern, nachdem Sie erfolgreich an Ihrem Ziel angekommen sind. An dieser Stelle vergrößert sich die gesamte Vorstellung und Sie können noch konkreter und detaillierter werden.

Dann heißt es nur noch dranbleiben. Setzen Sie Ihre Visualisierung über den gesamten Prozess fort, bis Sie an Ihrem Ziel angekommen sind. Machen Sie sich vorab bewusst, dass es durchaus passieren kann, dass der Weg zum Ziel möglicherweise nicht 1:1 Ihrer Visualisierung entspricht. Verlieren Sie nicht Ihr Vertrauen in den Prozess und bleiben Sie offen für weitere Möglichkeiten. Das Erreichen unserer Ziele erfordert oft, dass wir bestimmte Gewohnheiten verändern und gegebenenfalls unsere eigene Komfortzone verlassen. Auch das ist durch die Visualisierungspraxis möglich.

Neue Gewohnheiten schaffen

Eine Gewohnheit ist ein bestimmtes Verhalten, das wir häufig und konsequent wiederholen. Wenn wir also verschiedene Verhaltensweisen immer wiederholen, werden diese in unserem Gehirn und in unserem Muskelgedächtnis gespeichert, sodass sie irgendwann völlig natürlich und geradezu automatisch in unseren Alltag integriert sind. Es sind eben diese Dinge, die im Laufe der Zeit selbstverständlich geworden sind. Einige von diesen Dingen, wie zum Beispiel das tägliche Zähneputzen oder die tägliche Körperhygiene, haben wir bereits erwähnt. Es gibt sowohl gute als auch schlechte Gewohnheiten. Eine Gewohnheit entwickelt sich natürlich nicht über Nacht, sondern über einen langen Zeitraum hinweg und ist, wie alles andere im Leben, das Sie zum ersten Mal machen, mit etwas Übung verbunden. Wenn ein Kind zum Beispiel lernt, sich die Schuhe zuzubinden, wird das höchstwahrscheinlich nicht auf Anhieb funktionieren. Nach einiger Zeit und mit ein wenig mehr Erfahrung wird das Zubinden der Schuhe jedoch zur Selbstverständlichkeit und nicht mehr infrage gestellt. Diese Übung ist meistens ein stillschleichender Prozess und findet fast ausschließlich in Ihrem Unterbewusstsein statt. Wenn Sie Dinge neu erlernen, müssen Sie zu Beginn viel Aufmerksamkeit und Energie aufbringen, bis Sie die Fähigkeit komplett beherrschen. Genauso ist das auch mit der Visualisierung. Das Schöne daran ist aber, dass Sie mit Hilfe des Visualisierens schlechten Gewohnheiten den Kampf ansagen können und mehr Raum für neue, bessere Gewohnheiten schaffen. Auch hier geht es wieder viel um Vorstellung und Realität. Je häufiger und intensiver Sie sich vorstellen, eine Aktivität auszuführen, desto schneller stellt sich auch Ihr Körper darauf ein, dies tatsächlich zu tun. In erster Linie gilt es aber herauszufinden, was genau der Auslöser für Ihre schlechte Angewohnheit ist. Da viele Ihrer Gewohnheiten völlig unbewusst stattfinden, ist es besonders wichtig, dass Sie im Moment des Geschehens herausfinden, was Sie überhaupt zu Ihrem Verhalten veranlasst. Vielleicht fällt Ihnen zum Beispiel auf, dass Sie jedes Mal, wenn Sie

Langeweile haben, zu Ihrem Smartphone greifen und sich mit eigentlich eher unwichtigen Dingen aufhalten. Bei der Visualisierung geht es an dieser Stelle darum sich vorzustellen, was Sie in solchen Momenten stattdessen tun könnten.

Versuchen Sie, eine neue Gewohnheit zu erschaffen, die Sie davon abhält, Ihre Zeit an Ihrem Handybildschirm zu verschwenden. Sie könnten stattdessen zum Beispiel ein Buch lesen oder etwas tun, das Ihnen dabei hilft, Ihre täglichen To-Do's zu erledigen. Stellen Sie sich ganz genau das Gefühl vor, das Sie hätten, wenn Sie ein richtig gutes spannendes Buch lesen oder eines Ihrer kleinen alltäglichen Ziele erreicht haben. Wie oft haben Sie sich schon darüber geärgert, dass Sie Ihre freie Zeit mit unwichtigen Dingen vergeudet haben und am Ende Ihres Tages dann bereut, nicht alles geschafft zu haben, was Sie sich vorgenommen hatten? Auch dieses Gefühl können Sie visualisieren, um motiviert zu bleiben, Ihre Gewohnheiten zu verändern. Den Zusammenhang zu Ihren Emotionen zu erkennen, ist hierbei besonders wichtig, denn viele unserer schlechten Angewohnheiten entstehen aufgrund gewisser Gefühlslagen. Häufig greifen wir beispielsweise zu ungesundem Essen, wenn wir frustriert oder traurig sind. Rauchen ist für viele eine ganz automatische Handlung in Stresssituationen. In Ihrer Visualisierung ist es möglich, dass Sie sich detailliert vorstellen, was Sie stattdessen tun könnten, um ein besseres Gefühl zu haben oder sich zu entspannen. Viel besser wäre noch die Vorstellung, wie Sie handeln könnten, um eine solche Situation überhaupt zu vermeiden, das heißt, den Stress oder den Frust an der Ursache zu bekämpfen. Wie würde Ihr Leben also aussehen, wenn die Ursache für Ihre schlechte Angewohnheit überhaupt nicht existieren würde? Der Schlüssel für den Erfolg liegt auch hier wieder in der Wiederholung. Wiederholen Sie Ihre Visualisierung so oft, bis das Bild in Ihrem Kopf klarer und klarer wird. Das wird Ihnen dabei helfen, neue Gewohnheiten in Ihr alltägliches Leben zu integrieren. Doch neue Gewohnheiten zu erschaffen, fordert auch, dass Sie Ihre Komfortzone verlassen, denn in genau dieser befinden sich all Ihre Angewohnheiten, ganz egal, ob es dabei um eine gute oder eine schlechte Angewohnheit geht.

Komfortzone verlassen

Eine der größten Herausforderungen in unserem Leben ist die Überwindung unserer Ängste und Sorgen – die Angst vor Veränderungen und möglichen Konsequenzen oder die Angst davor, der Mensch zu sein, der wir wirklich sind, weil andere uns vielleicht dafür verurteilen könnten. Genau dieser Angst liegt zugrunde, dass wir unsere Gewohnheiten und den damit verbundenen Komfort über unsere eigene Zufriedenheit stellen. Das liegt daran, dass Veränderungen uns eventuell vor neue Herausforderungen stellen, die wir zu vermeiden versuchen. Zwar sind wir uns oft im Klaren darüber, dass unser Job oder unsere aktuelle Beziehung nicht richtig für uns ist und uns nicht erfüllt, jedoch finden wir uns mit der Situation ab, weil wir uns davor fürchten, was womöglich auf uns zukommt, wenn wir uns davon trennen.

Ganz egal, worum es dabei geht, es ist möglich, aus diesen gewohnten Verhaltensmustern auszubrechen und positive Veränderungen zu erreichen. Um eine Veränderung zu erreichen, müssen Sie sich zuerst einmal über Ihre Ängste und Sorgen bewusstwerden, bevor Sie sich diesen stellen können. Es gibt bestimmte Ängste, die wahrscheinlich so ziemlich jeder bereits erfahren hat. Dazu können zum Beispiel Existenzängste gehören, die durch Geldsorgen ausgelöst werden, aber auch die Angst davor, an einer Herausforderung zu scheitern.

In dem Augenblick, in dem Sie etwas fürchten, visualisieren Sie bereits eine Situation, die noch nicht stattgefunden hat. Meistens ist das eine Situation, die Sie eigentlich vermeiden möchten und nicht erleben wollen. Aber warum denken wir immer an das schlechtmöglichste Ergebnis, wenn wir auch das Gegenteil visualisieren können? Wenn Sie eine Angst überwinden möchten, ist es hilfreich und äußerst sinnvoll, sich regelmäßig Erfolg vorzustellen. Ihr Selbstbild und Ihre Fähigkeiten werden sich in eine positive Richtung verändern, wenn Sie Ihren Verstand mit Bildern versorgen, welche Sie in einer erfolgreichen Situation darstellen, die Sie mit Leichtigkeit bewältigt haben. Spielen Sie also eine bestimmte Situation wie einen Film immer wieder in Ihren Gedanken ab, bis Sie sich damit wohl und selbstsicher fühlen.

Durch diese Übung wird es Ihnen auch in der Realität viel leichter fallen, entspannt zu bleiben und jede Herausforderung mit Leichtigkeit zu meistern. Wenn Sie hingegen eher dazu neigen, immer negativ über sich und Ihre Fähigkeiten zu denken, kann sich auch das zu einer schlechten Angewohnheit entwickeln.

Mit Hilfe der Visualisierung können Sie es schaffen, diese Zweifel und Ängste aufzulösen, indem Sie Ihre Träume manifestieren und ein Bild von der Person erschaffen, die Sie wirklich sind beziehungsweise sein möchten. Das funktioniert zum Beispiel auch gut, indem Sie sich die Frage stellen, was Ihnen im schlimmsten Fall passieren kann, wenn Sie an einer bestimmten Aufgabe scheitern sollten. Die Antwort auf diese Frage ist meistens ziemlich erleichternd, denn ganz egal, wie eine Situation auch endet, es wird Ihnen in der Regel nie etwas Schlimmes passieren. Jeder Schritt aus Ihrer Komfortzone hilft Ihnen dabei, sich weiterzuentwickeln, denn wie wollen Sie neue Dinge lernen und entdecken, wenn Sie ständig nur das Gleiche tun und sich in Ihrem gleichen, gewohnten Umfeld aufhalten? Träume bleiben für viele Menschen aus genau diesem Grund auch am Ende nur Träume. Veränderungen passieren nicht über Nacht und schon gar nicht von allein. Den ersten Schritt in die richtige Richtung müssen Sie selbst machen und dann heißt es dranbleiben.

Ängste konfrontieren

Angst ist eine der mächtigsten Emotionen. Eine Emotion, die nicht nur Auswirkungen auf unsere Psyche, sondern auch auf unseren Körper hat. Manche dieser Ängste sind ein ganz natürlicher und sogar notwendiger Teil des Lebens, da sie Sie in bedrohlichen Situationen dazu auffordern, sofort zu reagieren und sich selbst zu schützen. Angst ist jedoch ein Begriff, den viele Menschen auch mit Ihren alltäglichen Befürchtungen und Sorgen in Verbindung bringen oder auf Situationen übertragen, die mit Ihren Gedanken an die Zukunft zusammenhängen.

Diese Ängste können nur vorübergehend andauern und völlig unbemerkt wieder verschwinden, sie können aber auch dauerhaft anhalten und sich tief im Unterbewusstsein manifestieren. Manche Menschen sind so von Ihren Ängsten vereinnahmt, dass Sie Ihr ganzes Leben davon abhängig machen. In ganz schlimmen Fällen können Ängste sogar Ihre gesamten Fähigkeiten beeinträchtigen und Sie daran hindern, Ihr Leben so zu leben, wie Sie es sich wünschen. Manchmal sind es auch nur die kleinen Dinge, die uns ängstlich machen, sei es eine anstehende Prüfung, der erste Tag an einem neuen Arbeitsplatz, ein Date oder das Reden in der Öffentlichkeit beziehungsweise vor einer größeren Gruppe.

Das sind nur wenige Beispiele, aber dennoch Situationen, mit denen auch Sie sich vielleicht identifizieren können. Während manche Menschen sich vollkommen von Ihren Ängsten vereinnahmen lassen und jegliche Situationen vermeiden, in denen Sie dieser Angst ausgesetzt sein könnten, gibt es andere, die sich ganz bewusst dazu entscheiden, sich mit Ihren Ängsten zu konfrontieren, um ein sorgenfreies und uneingeschränktes Leben zu führen. Wovor man sich fürchtet und wie man reagiert, wenn man Angst vor etwas hat, ist von Person zu Person ganz unterschiedlich.

Der erste und wichtigste Schritt, um Ängste anzugehen und zu überwinden, ist herauszufinden, was genau die Ursache dafür ist. Wenn Sie sich zum Beispiel Sorgen über Ihre finanzielle Situation machen und dadurch

Existenzängste entstehen, müssen Sie sich fragen, ob diese Ängste wirklich begründet sind. Während die meisten von uns im jetzigen Augenblick und in der jetzigen Realität ein Dach über dem Kopf, ausreichend Essen und Kleidung haben, werden Sie trotzdem immer wieder mit den gleichen Ängsten konfrontiert. Das liegt daran, dass ein Großteil der Menschen nicht gegenwärtig ist und ständig darüber nachdenkt, was eventuell in der Zukunft passieren könnte.

Es sind genau diese Gedanken an etwas, das bisher noch gar nicht stattgefunden hat und mit hoher Wahrscheinlichkeit auch niemals genauso stattfinden wird, wie es sich in der Vorstellung abspielt. Sie begeben sich also im jetzigen Augenblick in eine Stresssituation, weil Sie befürchten, dass Sie in der Zukunft Ihre Rechnungen nicht bezahlen können.

Diese Emotionen sind das, was Sie letztendlich auch in Ihrer Realität manifestieren werden. Deshalb ist es wichtig, sich Ihren Ängsten ganz bewusst zu stellen und Platz für positive Gefühle zu schaffen. Auch körperlich macht sich Angst bemerkbar. Es können verschiedene Symptome auftreten, die dadurch entstehen, dass der Körper sich auf einen möglichen Notfall vorbereitet und die dafür sorgen, sich auch mental auf das einzustellen und zu konzentrieren, was Sie physisch als Bedrohung wahrnehmen. Einige dieser Symptome kommen Ihnen mit Sicherheit bekannt vor.

Das Herz schlägt in kürzeren Abständen und eventuell unregelmäßig, Ihre Atmung wird schneller, Sie schwitzen mehr als gewöhnlich, Sie haben weniger Appetit und ein unwohles Gefühl im Magen oder Sie können eine Trockenheit im Mund feststellen. All diese Dinge können auftreten, wenn Sie etwas durchmachen, das irgendeine Form von Angst in Ihnen auslöst. Wenn Sie sich dauerhaft in diesem Zustand befinden, kann das zu Kopfschmerzen, Schlafstörungen oder anderen ernsthafteren Erkrankungen führen. Um eine ernsthafte Problematik zu vermeiden, kann es also hilfreich sein, Ihre Ängste ganz bewusst zu konfrontieren.

Sie müssen damit nicht unbedingt im realen Leben beginnen, sondern können das vorab in Form einer Visualisierung tun. Begeben Sie sich in Ihrer Vorstellung in genau die Situationen, die Sie unsicher machen und nutzen Sie diese Gelegenheit, um herauszufinden, wie Sie sich verhalten würden, wenn es das reale Leben wäre. Das können Sie zum Beispiel üben, wenn Sie das nächste Mal vor einer Entscheidung stehen, denn gerade das sind Momente, vor denen wir uns besonders oft fürchten.

Entscheidungen treffen

Sie treffen jeden Tag Entscheidungen, manche davon ganz bewusst, manche völlig automatisch und unbewusst. Bei den unbewussten Entscheidungen handelt es sich meistens um ganz einfache und alltägliche Sachen, die Ihnen überhaupt nicht mehr auffallen. Das sind meistens die Dinge, die sich im Laufe Ihres Lebens auch gleichzeitig zu Ihren Gewohnheiten entwickelt haben. Neben diesen vielen kleinen und manchmal auch eher irrelevanten Entscheidungen gibt es aber auch noch die, die alles verändern können.

Diese sind Ihnen wahrscheinlich besser als sogenannte Lebensentscheidungen bekannt. Auch diesen Entscheidungen werden Sie im Laufe Ihres Lebens häufiger begegnen und womöglich werden diese Sie jedes Mal aufs Neue herausfordern, wenn nicht sogar zur Verzweiflung bringen. Ihr Umgang mit solch einer Situation ist aber natürlich vollkommen von Ihrer persönlichen Einstellung abhängig.

Dennoch machen diese Entscheidungen Ihnen Angst. Wie oft haben Sie schon mit sich gehadert, Pro- und Contra-Listen erstellt oder sich die Meinung einer außenstehenden Person eingeholt, weil Sie zu viel Angst davor hatten, dass Sie eine falsche Entscheidung treffen könnten? Diese Angst liegt meistens nicht der Entscheidung selbst zugrunde, sondern den möglichen Konsequenzen, die Sie erwarten könnten.

Jede Entscheidung hat in gewisser Weise einen Einfluss auf Ihr Leben. Das kann ein positiver, aber auch ein negativer Einfluss sein. Neben der Tatsache, dass Sie entweder bewusst oder unbewusst handeln, entscheiden Sie grundsätzlich auf zwei verschiedene Arten: rational oder intuitiv. Aufgrund der Erfahrungen Ihrer Vergangenheit neigen Sie dazu, die Dinge zu hinterfragen und eher auf Nummer sicher zu gehen, anstatt sich auf Ihr Bauchgefühl zu verlassen. Rationales Handeln wird gleichzeitig auch von rationalem Denken begleitet.

Während rationales Entscheiden also logisch und von Ihrer Vernunft gelenkt ist, spielen Emotionen eine eher kleine, aber durchaus entscheidende Rolle, denn letztendlich sind es die Erfahrungen und die damit verbundenen Gefühle aus der Vergangenheit, die Sie dazu bewegen, ganz gründlich über etwas nachzudenken, bevor Sie es in die Tat umsetzen.

Ganz anders ist das bei den Entscheidungen, die Sie intuitiv und aus dem Bauch heraus treffen. Man könnte fast sagen, dass intuitives Handeln von genau diesen Erfahrungen und Erinnerungen genährt wird. Wenn Sie einen Entschluss fassen müssen, der Sie zum Nachdenken anregt oder der Sie unsicher werden lässt, versuchen Sie immer auf das zu hören, was Ihnen als Erstes in den Sinn kommt. Ihre Intuition wird Ihnen immer dabei helfen, das zu tun, was in diesem Augenblick das Richtige ist.

Dennoch sind es eben oft die intuitiven Entscheidungen, die Ihnen mehr Sorgen und Ängste bereiten. Das liegt daran, dass Sie Ihnen die Sicherheit nehmen, die Sie sich durch Ihre Gewohnheiten und tief verankerten Verhaltensmuster geschaffen haben. Und ganz davon abgesehen, dass Ihre Intuition Ihnen diese Sicherheit nimmt, ist es gar nicht so einfach sie zu erkennen, da die Impulse schnell kommen, aber mindestens genauso schnell von Ihren Zweifeln verdrängt werden, die von Ihrem Unterbewusstsein ins Bewusstsein gelangen.

Wenn Sie jedoch all die Emotionen und Gedanken bewusst beobachten und interpretieren, die im Zusammenhang mit Ihrer Entscheidung aufkommen, können Sie möglicherweise auch erkennen, ob Sie diesen Entschluss fassen, weil Sie wirklich davon überzeugt sind und Ihr Bauchgefühl es Ihnen sagt oder nur, weil Sie zu viel Angst vor den Konsequenzen haben und deshalb lieber das tun, was Ihnen Sicherheit gibt.

Ihre Entscheidungen hängen aber nicht nur von Ihren Emotionen und Gefühlen ab, die Sie mit Ihren eigenen Erfahrungen verbinden, sondern auch von Erfahrungen Ihrer Familie und Freunde, denn tatsächlich beeinflussen auch die Menschen, die Ihnen besonders nahe stehen all die Entscheidungen, die Sie im Laufe Ihres Lebens treffen. Das liegt daran, dass Sie in dem Moment, in dem Sie etwas Wichtiges entscheiden müssen, die Verantwortung gerne an jemand anderen abgeben würden.

Dabei handelt es sich in den meisten Fällen um Ihre eigenen Eltern. Umgeben von unserer Familie und dem Umfeld, in dem wir aufgewachsen sind, werden wir schnell wieder in unsere Vergangenheit zurückversetzt und verfallen in die alten Verhaltensmuster, mit denen wir uns lange Zeit identifiziert haben. Außerhalb Ihrer Verwandtschaft haben Sie sich aber höchstwahrscheinlich zu einem völlig anderen Menschen entwickelt, der sein ganz eigenes Leben führt und mittlerweile auch ganz andere Lebensansichten und Überzeugungen hat.

Wie können Sie sich jedoch sicher sein, dass es dabei wirklich um Ihre eigenen Überzeugungen geht und nicht um den Glauben, der sich bereits in Ihrer Kindheit in Ihrem Unterbewusstsein manifestiert hat? All das, was Sie bei anderen Menschen beobachten und all das, was Ihnen von Ihren Eltern, Großeltern, Geschwistern oder anderen Menschen vorgelebt wird, die Ihnen nahe stehen und die sich nahezu rund um die Uhr in Ihrer Umgebung aufhalten, spiegelt sich auch in Ihren eigenen Verhaltensmustern wider. Diese haben sich so tief in Ihrem Unterbewusstsein verankert, dass Sie jetzt noch von ihnen beeinflusst werden, ohne sich darüber bewusst zu sein. Diese Verhaltensweisen sind die Ursache für all Ihre Erwartungen, Ansichten und größtenteils sogar für die Art und Weise, wie Sie handeln.

Auch wenn das Ganze vielleicht etwas komplex und verwirrend klingt, ist es zugleich auch ganz einfach und logisch. Sämtliche Charaktereigenschaften werden innerhalb der Generationen weitergegeben. Diese verändern sich vielleicht im Laufe der Zeit und durch verschiedene Erfahrungen, jedoch stellen wir gerade im Kindesalter die Richtigkeit des Verhaltens und der Denkweise unserer Familie eher nicht in Frage, weshalb wir in ähnlichen Situationen auch genauso handeln.

Wie könnten wir auch anders handeln, wenn wir es nicht anders kennen oder nicht besser wissen? Je älter Sie jedoch werden und je mehr Menschen Sie begegnen, umso mehr Zweifel kommen vielleicht auch auf – Zweifel daran, ob Sie wirklich die gleiche Meinung vertreten wie Ihre Eltern oder ob Sie nicht doch ganz andere Ansichten haben. Diese Erkenntnis könnte auch die Frage aufwerfen, ob Sie vergangene und auch gegenwärtige Entscheidungen deshalb getroffen haben beziehungsweise treffen, weil Sie diese für richtig gehalten haben oder ob Sie eventuell doch von Ihrem Unterbewusstsein und dessen gespeicherten Programmen beeinflusst wurden beziehungsweise werden. Ein weiterer sehr einflussreicher Faktor in der heutigen Zeit ist die Präsenz der Medien – so einflussreich, dass es womöglich den Rahmen Ihrer Vorstellungskraft sprengt.

Das liegt mitunter daran, dass sie zu jeder Zeit und an so ziemlich jedem Ort zugänglich sind. Ihr Verhalten und Ihre Überzeugungen entstehen durch Ihre Wahrnehmung. Ihre Wahrnehmung setzt sich aus den Informationen zusammen, die Sie empfangen. Diese Informationen können unter anderem persönliche Erfahrungen sein, müssen aber theoretisch nichts mit Ihrem persönlichen Umfeld zu tun haben. Es können auch ganz einfach die Informationen sein, die Sie über einen Artikel in der Zeitung wahrgenommen haben, die ein Bekannter heute Morgen auf Facebook gepostet hat oder die Sie auf dem Weg zur Arbeit auf einer der vielen Plakatwände aufgeschnappt haben. Im Prinzip funktionieren die Medien nicht anders als Ihre Visualisierung. Sie erschaffen ein ganz konkretes und detailliertes Bild in Ihrem Kopf, das sich durch ständige Wiederholung in Ihrem Unterbewusstsein manifestiert. Denn wie Sie bereits wissen, ist es die konsequente Wiederholung, die dafür sorgt, dass Sie Ihr Unterbewusstsein manipulieren und es daran glauben lassen können, dass bestimmte Dinge der Wahrheit entsprechen.

Wenn Sie die Tatsache, dass Ihr Unterbewusstsein nicht zwischen Vorstellung und Realität unterscheiden kann, nun einmal aus der Perspektive der Medienwelt sehen, kann diese zu Ihrem größten Schwachpunkt werden. Der Grund dafür, dass Sie vielleicht ein und dieselbe Werbung immer und immer wieder sehen, ist der, dass Sie davon überzeugt werden sollen, dass Sie ein bestimmtes Produkt unbedingt brauchen, um Ihre Bedürfnisse zu befriedigen. Die Unwissenheit der Menschen wird also tatsächlich ganz gezielt ausgenutzt, um bestimmte Gedanken in deren Unterbewusstsein zu manifestieren, die zur Kaufentscheidung beitragen sollen.

Unser Wissen ist unsere mächtigste Waffe. Mit dem Bewusstsein darüber, wie Ihr Verstand funktioniert und wie Sie Ihre eigene Realität erschaffen können, werden Sie zukünftig viele Dinge mit anderen Augen sehen und bei jeglichen Entscheidungen auf das hören, was Ihnen Ihr Bauchgefühl sagt. Eine achtsame Herangehensweise wird Ihnen immer bei Ihrem gesamten Entscheidungsprozess helfen, ganz unabhängig davon, wie klein oder groß der Entschluss auch sein mag. Eine Entscheidung muss nicht immer automatisch mit Stress verbunden sein, das heißt aber auch, dass Sie sich von der Angst befreien müssen, dass Sie eventuell falsch entscheiden könnten – es gibt weder ein Richtig noch ein Falsch.

Wenn Sie also das nächste Mal vor einem wichtigen Entschluss stehen, versuchen Sie an eine Situation zurückzudenken, in welcher Sie über das Ergebnis einer Entscheidung sehr zufrieden waren. Sollte es Ihnen schwerfallen, sich an ein bestimmtes Erlebnis zu erinnern, versuchen Sie vielleicht stattdessen, ein solches mit Hilfe Ihrer Vorstellungskraft zu visualisieren. Die Idee hinter dieser Visualisierung ist, so viele positive Emotionen wie möglich in Ihnen hervorzurufen.

Das kann Ihnen bei Ihrem nächsten Entscheidungsprozess insofern helfen, dass Ihr Unterbewusstsein diese positiven Emotionen mit Ihrer aktuellen Situation in Verbindung bringt. Wenn das Ganze mit negativen Erinnerungen funktioniert, warum nicht auch mit positiven und erfreulichen? So lässt sich Ihr Unterbewusstsein umprogrammieren und Sie können zukünftig gelassener an kleinere oder auch größere Entscheidungen herangehen.

Das Unterbewusstsein neu programmieren

Um Ihre Verhaltensmuster, Vorstellungen, Wahrnehmungen, Gewohnheiten und Überzeugungen auf lange Sicht zu verändern, müssen Sie Ihr Unterbewusstsein neu programmieren. Im Grunde genommen ist die Neuprogrammierung gar nicht so schwierig, wie es vielleicht im ersten Moment scheint. Dennoch werden die Veränderungen nicht über Nacht eintreten und Sie müssen konstant dranbleiben. Sie müssen es wirklich wollen und dürfen sich nicht von Ihrem Weg abbringen lassen. Jeder Rückschlag kann frustrierend sein und die Frage aufwerfen, warum Sie das Ganze überhaupt machen.

Doch genau an diesem Punkt müssen Sie durchhalten. Jedes Mal, wenn Sie in solch eine Situation geraten, versucht Ihr Unterbewusstsein Ihnen einen Strich durch die Rechnung zu machen. Machen Sie sich eine ganz genaue Vorstellung davon, was Sie in Ihrem Leben wollen und vor allem davon, was Sie verdienen. Wenn Sie ein geringes Selbstwertgefühl haben, werden Sie gleichzeitig der Überzeugung sein, dass Sie es nicht wert sind, mehr Geld zu verdienen, einen besseren Job zu finden, von Ihrem Partner geschätzt zu werden oder einfach glücklich und zufrieden zu sein. Unzufriedenheit wird immer einer der Gründe dafür sein, dass Sie Ihrem eigenen potenziellen Erfolg im Weg stehen.

Und auch wenn Sie beginnen, daran zu denken, dass Sie sehr wohl etwas Besseres verdienen und vielleicht auch über einen gewissen Zeitraum härter daran arbeiten, Ihre Ziele zu erreichen, dürfen Sie nicht rückfällig werden, indem Sie denken, dass Sie sich mit dem zufrieden geben müssen, was Sie aktuell haben, obwohl diese Lebenssituation Sie nicht erfüllt oder Sie davon abhält, glücklich zu sein. Um Ihr Unterbewusstsein neu zu programmieren, müssen Sie dauerhaft eine Veränderung anstreben. Sie müssen die Kontrolle über Ihren Verstand übernehmen und Ihr Leben zu genau dem machen, von dem Sie schon immer geträumt haben. Ihr Verstand ist der Schlüssel zum Erfolg und das in allen Lebenslagen. Am Ende machen nicht die Dinge den Unterschied, die Sie tun können, sondern die, die Sie tun werden. Eine langfristige Veränderung und Neuprogrammierung Ihres Unterbewusstseins liegt in der Wiederholung.

Ganz egal, wie alt Sie gerade sind, die aktuellen Gewohnheiten und Überzeugungen haben sich bis zum jetzigen Augenblick entwickelt und das über den gesamten Zeitraum Ihres Lebens. Kein Wunder also, dass diese sich nicht von einem auf den anderen Tag ändern lassen. Die Anwendung jeglicher Techniken, die Ihr Unterbewusstsein umprogrammieren sollen, erfordern demnach Zeit, Übung und Ausdauer. Anstatt also direkte Veränderungen zu erwarten, versuchen Sie aufmerksam zu sein und jede Phase, die Sie auf diesem Weg durchlaufen, ganz bewusst wahrzunehmen und zu schätzen.

Vergleichen Sie das Ganze einmal mit einer anderen Situation. Nehmen wir an, dass Sie noch nie zuvor im Fitnessstudio trainiert haben. Nach Ihrem ersten Besuch stellen Sie also fest, dass es eine ganze Menge Bewegungsabläufe gibt, mit denen Ihr Körper zuerst einmal vertraut werden muss. Sie würden also nie erwarten, dass Sie sofortige Ergebnisse erzielen oder dass sich nach den ersten Trainingseinheiten sofortige Veränderungen einstellen. Das Gleiche gilt auch für mentales Training. Es braucht Zeit, um dauerhafte Veränderungen zu erzielen. Auch Selbstreflexion und Selbsterkenntnis haben einen großen Einfluss auf die Neuprogrammierung Ihres Unterbewusstseins.

Es gilt also herauszufinden, welche unbewussten Verhaltensmuster Sie davon abhalten, Ihre Ziele zu erreichen. Sie müssen in Ihr Inneres schauen, mögliche Blockaden ausfindig machen und ganz gezielt an diesen arbeiten. Wenn es Ihnen schwerfällt, der Sache allein auf den Grund zu gehen, sprechen Sie vielleicht mit jemandem, der Ihnen nahesteht. Seien Sie sich aber bewusst darüber, dass jeder Blick ins Innere auch etwas beängstigend oder aufwühlend sein kann, da Sie womöglich mit Dingen konfrontiert werden, die Sie über lange Zeit unterdrückt und ignoriert haben. Dennoch wird all das am Ende nur von Vorteil für Sie sein, für viel Klärung sorgen und Ihnen dabei helfen, zu sich selbst zu finden. Um eine Lösung zu finden, müssen Sie das Problem konkret benennen. Sehr häufig und bei sehr vielen Menschen beginnen die Probleme schon mit einer negativen Grundeinstellung.

Mindset ändern

Die meisten Menschen sind in ihrer Denkweise sehr festgefahren. Sie glauben zu wissen, wer sie wirklich sind und sind der Meinung, dass sie daran auch nichts ändern können. Sie fühlen sich ihrem Schicksal und dem weiteren Verlauf ihres Lebens ergeben und halten an ihren Überzeugungen fest. Andere hingegen sind sich sicher, dass sie ihre Denkweise ändern können und eine bessere Zukunft für sich schaffen können, indem sie sich von dem Ballast ihrer Vergangenheit trennen und einen unbeschwerten Lebensweg einschlagen.

Die einen suchen nach Hindernissen und befassen sich mit ihren Mängeln, während die anderen nach Lösungen Ausschau halten und an ihren Schwächen arbeiten. Sobald Sie sich dazu bereit erklären, Ihr Mindset zu ändern, verpflichten Sie sich automatisch auch dazu, Neues zu lernen, über sich hinauszuwachsen und sich weiterzuentwickeln.

Unsere Denkweise ist das, was sich im Laufe unseres Lebens entwickelt hat, indem wir es bei unseren Mitmenschen beobachtet und förmlich aufgesaugt haben. Dennoch gibt es ein paar kleine, aber entscheidende Unterschiede. Glück und Erfolg sind die beiden Dinge, die jeder von uns anstrebt. Die eine Frage nach der ganz persönlichen Bedeutung beziehungsweise nach dem Sinn des Lebens und nach unserem persönlichen Lebensziel hat demnach wahrscheinlich auch so ziemlich jeden von uns bereits beschäftigt. Auch wenn es für Sie manchmal unmöglich erscheinen mag, die Dinge positiv zu betrachten, liegt es, wie Sie bereits erfahren haben, ganz allein in Ihrer Hand, die Art und Weise, wie Sie das Leben sehen, zu verändern. In Bezug auf eine positive Entwicklung der eigenen Denkweise hat es schon vielen Menschen geholfen, ihr Mindset auf Dankbarkeit auszurichten und umzustellen.

Wenn Sie Bewusstsein darüber erlangen, was Sie bereits im Leben haben, erscheinen Ihnen die Dinge, die Sie nicht besitzen, plötzlich völlig nebensächlich. In dem Augenblick, in dem Sie Ihr Mindset auf Dankbarkeit umstellen, werden Sie Ihre gesamte Welt mit völlig anderen Augen sehen. Wenn Sie wirklich zutiefst dankbar sind, hören Sie auf, sich mit all den negativen Dingen aufzuhalten. Stattdessen werden Sie sich auf die guten Dinge konzentrieren, die Ihnen bereits widerfahren sind und auf all das, was Sie aus den eher unangenehmen und weniger schönen Erlebnissen lernen konnten.

Wenn Sie nur bewusst darüber nachdenken, wird Ihnen auffallen, wie viele Dinge Sie in Ihrem Leben haben, für die es sich lohnt, dankbar zu sein – jeder Tag, jeder Moment, jedes Treffen mit Freunden, jede Erfahrung und noch unzählige weitere Dinge. Sie können zum Beispiel damit beginnen, sich jeden Tag fünf bis zehn Dinge aufzuschreiben, für die Sie von ganzem Herzen dankbar sind. Das kann etwas sein, das Ihnen am heutigen Tag passiert ist, aber auch etwas, das Ihr Leben im Allgemeinen betrifft. Es müssen auch keine großen Dinge sein.

Vielleicht sind Sie heute einfach besonders dankbar für Ihre Tasse Kaffee am Morgen oder für ein nettes Gespräch mit einem Arbeitskollegen. Wenn Sie über einen längeren Zeitraum bewusste Dankbarkeit üben, werden Sie merken, dass Sie jeden Augenblick und jede Kleinigkeit zu schätzen wissen, die Ihnen ein wenig mehr Lebensfreude bereitet. Um Ihr Mindset zu ändern, müssen Sie sich selbst eine sehr wichtige Frage beantworten: Was genau bewegt Sie dazu, Ihre Denkweise zu ändern und sich von alten Gewohnheiten zu lösen? Um die Frage, *was* genau Sie in Ihrem Leben erreichen möchten, ganz bewusst und ehrlich zu beantworten, sollten Sie sich ausreichend Zeit nehmen.

An dieser Stelle würden die meisten Menschen die Frage nach dem Warum wahrscheinlich sehr unkonkret beantworten, indem sie sagen, dass sie gerne glücklich und erfolgreich wären. Prinzipiell ist das auch kein schlechter Ansatz, jedoch ist es besonders wichtig, dass Sie herausfinden, was die Konzepte Glück und Erfolg eigentlich für Sie persönlich bedeuten. Identifizieren Sie etwas, das eine große Auswirkung auf Ihr Leben und Ihre Denkweise haben könnte. Wenn Sie ein konkretes Ziel haben, wird auch der Weg dorthin ersichtlicher. Der erste und vielleicht sogar wichtigste

Schritt, um Ihr Mindset zu ändern, ist also die Antwort auf die Frage, was genau Sie ändern möchten und warum Sie es ändern möchten. Um jedoch die anfängliche Motivation nicht zu verlieren, sollten Sie bei der Umsetzung klein anfangen. Eine der besten Möglichkeiten, Ihre Einstellung zu ändern und Ihre Träume zu verwirklichen, besteht darin, sich kleinere, aber absolut erreichbare Ziele zu setzen, die Sie unterm Strich zu etwas viel Größerem führen. Bevor Sie sich also vornehmen, jeden Tag einhundert Prozent Ihrer Energie zu investieren, um Ihr Lebensziel schnellstmöglich zu erreichen, beginnen Sie doch stattdessen mit nur einem Prozent.

Das mag vielleicht sehr wenig klingen, trägt aber dazu bei, dass Sie auf längere Sicht motiviert bleiben. Wenn Sie sich zum Beispiel das große Ziel gesetzt haben, jeden Tag körperlich aktiv zu sein und Sport zu machen, beginnen Sie mit einer einzigen Übung, die Sie vielleicht nur fünf Minuten Ihres gesamten Tages kosten wird. Sollten Sie sich vorgenommen haben, sich mehr Zeit für sich selbst zu nehmen, um Stress abzubauen, sollten Sie damit anfangen, jeden Morgen eine Minute lang zu meditieren. Jedes dieser Beispiele erfordert weder viel Motivation noch besonders viel Willenskraft und dennoch ist es ein positiver Schritt in die richtige Richtung.

Der Trick hierbei liegt darin zu entscheiden, immer das Mindeste zu tun, aber dennoch zu wissen, dass Sie mehr tun können, wenn Sie sich dazu bereit fühlen. Das beeinflusst Ihre Denkweise in der Hinsicht, dass Sie jeden Tag ein gutes Gefühl haben werden, weil Sie Ihr Ziel erreicht haben, ohne sich überfordert zu fühlen und nach kurzer Zeit dafür bereit sein werden, mehr als nur das Mindeste zu geben. Große Veränderungen erfordern kleine, täglich wiederholte Schritte, die positive Gedanken erzeugen, um weitere positive Energien anzuziehen.

Wenn Sie über einen längeren Zeitraum Ihre kleineren Ziele konsequent erreichen, entwickeln sich neue Denkgewohnheiten, die Ihnen dabei helfen, Ihre größeren Träume zu verwirklichen. Viele Menschen geben schon nach kurzer Zeit auf, weil sie sich nicht erlauben, zu scheitern und nicht verstehen, dass das Einzige, was sie davon abhält, ihre Ziele zu erreichen, das Aufgeben ist. Rückschläge gehören jedoch ebenso zum Prozess wie Erfolge. Wenn Sie sich vorab darauf vorbereiten, dass es durchaus möglich und auch völlig in Ordnung ist zu scheitern, wissen Sie auch, dass dies kein Grund zum Aufgeben ist.

Und wie immer, wenn Sie anstreben, Ihre Ziele zu manifestieren und Ihr Unterbewusstsein sowie Ihre Denkweise zu beeinflussen, denken Sie positiv und gegenwärtig. Wie bereits erwähnt, ist es besonders wichtig, zweifelsfrei zu wissen, dass alles, was Sie sich wünschen und worauf Sie sich konzentrieren, bereits in Ihrer inneren Welt existiert und zur Realität geworden ist. Gegenwärtigkeit ist der Schlüssel zum Erfolg, ganz egal in welcher Hinsicht.

Leben im Augenblick

Das Leben im jetzigen Moment ist der Kern Ihres Glücks, den Sie unter keinen Umständen aus den Augen verlieren dürfen. Wenn Sie also täglich Ihre Visualisierung üben und an Ihre Träume und Wünsche denken, die Sie manifestieren möchten, müssen Sie besonders achtsam sein, damit Sie sich nicht in Ihrer Zukunft verlieren. Denn ebenso wenig, wie Sie sich an Erlebnissen aus der Vergangenheit festhalten sollen, gilt dieser Grundsatz auch für mögliche zukünftige Ereignisse.

All das, was in Ihrem Leben passiert, passiert im jetzigen Augenblick. Wir können zwar durch unsere Gedanken und Emotionen unsere Realität erschaffen und damit auch unsere Zukunft beeinflussen, jedoch ändert das nicht die Tatsache, dass nur der jetzige Moment existiert. Innerhalb der inneren Bereiche des Lebens und der Realität, in denen die Energie Ihrer Gedanken Gestalt annimmt, gibt es kein Konzept wie Raum oder Zeit.

Dieses Konzept existiert nur, weil die Menschheit es erschaffen hat. In unserer physischen Welt ist die Zeit nur eine Konzeption, an der wir uns orientieren, um unser Leben zu organisieren. Der einzig wahre Bezugspunkt, den wir jedoch haben und der uns das Leben und unsere Existenz fühlen lässt, ist der gegenwärtige Moment. Um das Leben im Augenblick am einfachsten zu erklären, gilt es zunächst zu verstehen, was es bedeutet, nicht gegenwärtig zu sein, da das der Zustand ist, an den wir uns gewöhnt haben. Wenn Sie nicht gegenwärtig sind und im jetzigen Augenblick leben, sind Sie abhängig von der Zeit.

Das bedeutet, dass Ihr Verstand sich überwiegend in der Vergangenheit oder in der Zukunft befindet. Sie denken also ständig daran, was war, was hätte sein können, was Sie hätten anders machen können, was Sie erwartet haben und was tatsächlich passiert ist oder Sie verlieren sich in der Zukunft und machen sich Gedanken darüber, was sein wird, was passieren könnte, wie sich Dinge entwickeln könnten und so weiter. Achtsamkeit und das Leben in der Gegenwart zu lernen, ist eine der wichtigsten Fähigkeiten und der Schlüssel für ein glückliches, produktives, sinnvolles und erfüllendes Leben.

Achtsamkeit ist im Prinzip nichts anderes, als absichtlich und ohne jegliches Urteilsvermögen Ihre Aufmerksamkeit auf den gegenwärtigen Moment zu lenken. Zum Glück lässt sich vorab sagen, dass jeder diese Fähigkeit durch konsequentes Üben erlernen kann. Die meisten Menschen gehen jedoch durch das Leben, ohne diese Fähigkeit anzuwenden, geschweige denn überhaupt davon zu wissen. Wie oft haben Sie schon mit einem Freund, einer Freundin oder mit Ihrer Familie zusammengesessen, die Zeit aber gar nicht so richtig genossen, weil Sie so sehr damit beschäftigt waren darüber nachzudenken, was Sie noch alles erledigen müssen? Oder sind Sie schon einmal in Ihr Auto gestiegen, kurze Zeit später am Ziel angekommen, ohne sich danach an die Fahrt zu erinnern?

Das sind nur zwei Beispiele, die Sie möglicherweise zum Nachdenken anregen und Ihnen vielleicht bewusst machen, dass Sie sich zu einem Großteil Ihres Tages mit Dingen beschäftigen, die nichts mit dem gegenwärtigen Augenblick zu tun haben. Doch warum ist es für uns so schwierig, im Jetzt zu leben? Das Leben im Jetzt ist deshalb so schwierig, weil wir seit unserer Kindheit dazu ermutigt werden, über die Zukunft nachzudenken oder an die Vergangenheit unserer Vorfahren erinnert werden.

Auch unsere Ängste und Sorgen bestehen nur deshalb, weil wir uns mit Emotionen aus der Vergangenheit identifizieren und diese automatisch auf mögliche zukünftige Ereignisse übertragen. Natürlich ist es vollkommen normal und selbstverständlich, dass Sie einige Momente des Denkens in der Vergangenheit oder in Tagträumen über die Zukunft verbringen.

Und gerade die vergangenen Erlebnisse und die Dinge, die Sie daraus gelernt haben, sind wichtig, um sich selbst vor eventuellen negativen Erfahrungen zu schützen. Ohne auf die vergangenen Erfolge oder Fehler zurückzublicken, ohne Pläne für die Zukunft zu haben und ohne die Vorbereitung aufkommender Ereignisse vorzunehmen, wären Sie höchstwahrscheinlich nicht da, wo Sie gerade sind beziehungsweise die Person, die Sie zu diesem Zeitpunkt sind. Wenn Ihr Leben jedoch nur von Gedanken und

Emotionen bestimmt wird, die an vergangene oder mögliche zukünftige Ereignisse geknüpft sind, wird es Ihnen immer seltener gelingen, glücklich und sorglos mit der Gegenwart verbunden zu sein. Eines der Ziele der Achtsamkeit und damit auch für ein glückliches Leben ist es, die Gedanken über Ihre Vergangenheit, Ihre Gegenwart und Ihre Zukunft in Einklang zu bringen.

Dieses Gleichgewicht zu finden, ist nicht leicht und wird Ihnen zu Beginn wahrscheinlich sehr kompliziert erscheinen, jedoch ist es auch hier wieder wichtig, kleine Schritte zu machen. Es geht vielmehr darum, sich auf die Achtsamkeit und den gegenwärtigen Augenblick einzulassen, ohne die Gedanken an die Vergangenheit oder die Zukunft zu ignorieren. Lassen Sie jeden dieser Gedanken zu, entscheiden Sie sich dennoch bewusst dazu, nicht bei diesem zu verweilen. Es geht darum, diese Gedanken anzunehmen, sie zu akzeptieren, sie zu kategorisieren, vor allem aber, sich ihrer Bedeutung bewusst zu werden. Achtsamkeit ist die Fähigkeit, einen Moment so zu akzeptieren, wie er ist, ohne zu versuchen, diesen zu ändern oder in einem anderen Moment sein zu wollen.

Wenn also Emotionen, Gedanken oder Wünsche in Ihnen auftauchen, erinnern Sie sich, diese wahrzunehmen, sie zu akzeptieren und sie einfach so sein zu lassen, wie sie sind. So leben Sie mit mehr innerem Frieden, ohne dabei Ihre Erfahrungen und Ihre damit verbundenen Gefühle zu unterdrücken. Um das Ganze abschließend noch einmal zusammenzufassen und den Zusammenhang zur Visualisierung zu unterstreichen: Visualisieren Sie täglich und konsequent, jedoch mit Bedacht. Kreieren Sie mit Hilfe Ihrer Vorstellungskraft das, was Sie erreichen möchten, ohne sich dabei in der Zukunft zu verlieren.

Machen Sie das am besten zu einem Zeitpunkt, an dem Ihr Verstand am aufnahmefähigsten ist. Integrieren Sie Ihre Visualisierung zum Beispiel in Ihre tägliche Morgenroutine. Das wird Ihnen zu einem positiven Start in den Tag verhelfen, Sie an Ihre Ziele erinnern und Sie motivieren, Ihren Tag zielorientiert zu gestalten. Verbringen Sie jedoch den Rest des Tages im

Hier und Jetzt und richten Sie Ihre Aufmerksamkeit auf die Dinge, die Sie Ihren Zielen einen Schritt näherbringen werden.

Auch kurz vor dem Schlafengehen können Sie noch einmal zu Ihrer Visualisierung zurückkehren, damit sich die Realität, die Sie sich schaffen, über Nacht in Ihrem Unterbewusstsein manifestieren kann. Es wird Ihnen wahrscheinlich immer wieder passieren, dass Sie sich in Ihren Gedanken an die Zukunft verlieren oder vergangene Erinnerungen wieder hochkommen und Sie überwältigen.

Das ist völlig normal und muss nicht immer etwas Negatives bedeuten. Gerade dann, wenn Sie an die Vergangenheit zurückdenken und sich über den jetzigen Augenblick bewusst werden, werden Sie feststellen, dass all Ihre kleineren Rückschläge Sie an den Punkt gebracht haben, an dem Sie gerade sind. Auch Rückschläge sind völlig normal und können mit Hilfe von Visualisierung erfolgreich überwunden werden.

Umgang mit Rückschlägen

Auch Rückschläge sind ein Teil des Lebens. Es läuft nicht immer alles nach Plan oder so, wie Sie es sich vielleicht vorab vorgestellt haben. Das gilt auch für all das, was Sie sich in Ihrer Visualisierung manifestiert haben. Grundsätzlich ist jeder Rückschlag erst einmal unabhängig von Ihren allgemeinen Lebensumständen.

Jeder von diesen vermeintlichen Rückschritten muss aber nicht gleich bedeuten, dass Sie in Ihrer Entwicklung und bei der Erreichung Ihrer Ziele auch wirklich einen Schritt zurückgemacht haben. Ob Sie aus diesen Situationen nun ein Problem machen oder die Ruhe bewahren und zielorientiert bleiben, liegt letzten Endes in Ihrer Hand. Ihre persönliche Einstellung und Ihre Herangehensweise sind ausschlaggebend, wenn Sie ein bestimmtes Ziel erreichen und dieses durch Visualisierung und das Gesetz der Anziehung manifestieren möchten.

Die Art und Weise, wie Sie mit Schwierigkeiten und Rückschlägen umgehen und die Einstellung, mit der Sie diese besiegen, wird langfristig auch den Gesamterfolg und Ihre allgemeine Zufriedenheit bestimmen. Im Wesentlichen ist der Umgang mit schwierigen Situationen sogar deutlich wichtiger als der Umgang mit Situationen, in denen Sie erfolgreich waren. Natürlich ist es immer einfacher, eine positive Einstellung zu haben, wenn die Dinge nach Ihren Vorstellungen verlaufen und Sie einfach nur mit dem Strom schwimmen müssen, dennoch entwickeln Sie erst dann neue Fähigkeiten und wachsen über sich hinaus, wenn genau das Gegenteil der Fall ist und etwas schiefläuft. Jeder von uns scheitert.

Es ist Ihnen mit Sicherheit bereits passiert und es wird Ihnen auch wieder passieren, wahrscheinlich sogar mehr als einmal. Und wenn es passiert, ist es umso wichtiger, dass Sie dranbleiben. Anstatt neue Herausforderungen zu vermeiden, weil die Befürchtung, erneut zu scheitern, Sie begleitet, sollten Sie Ihre Misserfolge vielmehr als Chance sehen, etwas zu lernen und einen großen Schritt nach vorne zu machen.

Kein Frust und kein Ärger dieser Welt wird etwas an Ihrer Situation ändern können, weshalb es wenig Sinn macht, sich länger damit zu befassen. Lassen Sie also vergangene Misserfolge auch der Vergangenheit angehören und konzentrieren Sie sich lieber darauf, was Sie im jetzigen Augenblick tun können, um Ihr eigentliches Ziel im Auge zu behalten. Letztendlich ist es doch auch völlig egal, auf welchem Weg Sie dort ankommen. Dennoch gibt es ein paar wichtige Schritte, wie Sie die Ruhe bewahren können und sich nicht davon abhalten lassen, an Ihren Erfolg zu glauben. Verwechseln Sie zum Beispiel nicht Ihre Fähigkeiten mit Ihrem Potenzial.

Oft geben wir viel zu schnell auf, wenn etwas nicht auf Anhieb so funktioniert, wie wir es uns erhofft haben. Und selbst wenn es beim zweiten, dritten oder vierten Versuch nicht funktioniert, bedeutet das nicht, dass Sie nicht über das nötige Potenzial verfügen. Um eine neue Fähigkeit zu erlernen und diese auch wirklich zu beherrschen, müssen Sie hin und wieder etwas mehr Zeit und vor allem Geduld einplanen. Wie oft haben Sie schon über sich selbst gesagt, dass Sie etwas Bestimmtes nicht können, obwohl Sie es noch nie ausprobiert haben oder vielleicht beim ersten Versuch daran gescheitert sind?

In dem Augenblick, in dem Sie zu sich oder jemand anderem sagen, dass Sie zu etwas nicht fähig sind, stehen Sie sich selbst im Weg und können Ihr eigentliches Potenzial nicht entfalten. Eigentlich sollte aber doch gerade dieses Scheitern Sie dazu bewegen, es erneut zu versuchen. Denken Sie an dieser Stelle noch einmal an das Gesetz der Anziehung und den Aspekt, wie leicht sich Ihr Unterbewusstsein manipulieren lässt.

Wenn Sie sich einreden, dass Sie etwas nicht können und diesen Gedanken in Ihrem Unterbewusstsein manifestieren, dann werden Sie es auch nicht schaffen. Stattdessen sollten Sie Ihre Denkweise so ändern, dass Sie Ihr Scheitern positiv formulieren und sich selbst Zuspruch leisten. Der Begriff Zuspruch ist in dieser Verbindung besonders wichtig. Stellen Sie sich selbst die Frage, wie Sie sich gegenüber einem Freund, einer Freundin, Ihrer Mutter oder gegenüber einer anderen Person verhalten würden, die vor dem gleichen Problem steht. Was würden Sie dieser Person sagen, wenn sie aufgrund eines Rückschlags frustriert und verärgert ist?

Würden Sie diese Person kritisieren, auf sie herabblicken oder abwertend behandeln, weil sie an einer Situation gescheitert ist? Wohl kaum. Höchstwahrscheinlich würden Sie versuchen, Ihr Gegenüber aufzubauen. Sie würden einfühlsam und verständnisvoll reagieren und der Person Mut zusprechen. Sie würden ihr Unterstützung und Hilfe anbieten, um gemeinsam nach einer Lösung für das Problem zu suchen. Das Gleiche sollten Sie auch für sich selbst tun. Sie sollten sich genauso sehen, wie Sie andere Menschen sehen und sich demnach auch genauso behandeln, wie Sie andere Menschen behandeln. Akzeptieren Sie Ihre Situation und machen Sie das Beste daraus. Schreiben Sie sich vielleicht auf, was Sie zu Ihrem Freund oder Ihrer Freundin sagen würden, wenn diese in Ihrer Situation wären.

Das hilft Ihnen dabei, eine Menge Druck aus der Sache zu nehmen und nicht zu streng zu sich selbst zu sein. Lesen Sie sich diese Dinge immer und immer wieder durch und finden Sie einen Weg, wie Sie diese Ratschläge nun in Ihrem eigenen Leben umsetzen können. In diesem Fall ist es tatsächlich eine gute Möglichkeit darüber nachzudenken, wie Sie in der Vergangenheit mit schwierigen Situationen umgegangen sind und wie Sie sich gefühlt haben, nachdem Sie diese erfolgreich meistern konnten.

Setzen Sie Ihre Vorstellungskraft ein und visualisieren Sie, wie Sie Hindernisse überwinden und selbst bei Rückschlägen immer positiv bleiben. Visualisieren Sie diese Hindernisse ganz spezifisch und überlegen Sie sich, was Sie gegebenenfalls davon abhalten könnte, Ihr Ziel zu erreichen oder welche Situationen möglicherweise aufkommen könnten, die Sie von dieser Zielerreichung abhalten.

Stellen Sie sich dann vor, wie Sie diese Herausforderungen meistern und wie sich all Ihre Ängste und Sorgen auflösen. Versuchen Sie aber auch, ohne konkrete Erwartungen an die Sache heranzugehen. Vertrauen Sie einfach in sich und in den Prozess und versuchen Sie dabei so gegenwärtig wie möglich zu bleiben. Zu hohe Erwartungen an etwas können oft dazu führen, dass Sie am Ende womöglich enttäuscht sind, weil eine Situation nicht exakt

Ihren Vorstellungen entspricht. Akzeptieren Sie kleinere oder auch größere Rückschläge und wachsen Sie daran. Alles, was Ihnen auf dem Weg zum Erfolg begegnet oder passiert, passiert aus einem bestimmten Grund. Was genau damit gemeint ist, erfahren Sie im nächsten Abschnitt.

Alles passiert aus einem bestimmten Grund

In den meisten Fällen nehmen wir nach einem Rückschlag automatisch eine sehr negative Haltung ein. In erster Linie versuchen wir unsere äußeren Umstände oder möglicherweise sogar einen anderen Menschen für unser Scheitern verantwortlich zu machen. Natürlich können Sie diesen Weg wählen, jedoch werden Sie am Ende auch nichts Positives aus der Situation mitnehmen, wenn Sie die Verantwortung einfach abgeben. Auch wenn es im ersten Moment vielleicht nicht so scheint und schwer zu akzeptieren ist, gibt es einen Grund für all die Dinge, die Ihnen passieren. Das gilt für alles Positive, aber auch für alles Negative.

Auch Misserfolge und Rückschläge sind beabsichtigt. Sie sind ein natürlicher Teil unseres Lebens und sollen tatsächlich dabei helfen, dieses lebenswerter zu machen, auch wenn das im ersten Moment nicht immer so scheint. Anstatt sich in eine Abwehrhaltung zu begeben, sich selbst zu bemitleiden und sich immer und immer wieder die Frage zu stellen, womit Sie diese Situation verdient haben, sollten Sie das Beste daraus machen und darüber nachdenken, ob Sie vielleicht etwas Positives daraus lernen können. Sie werden erkennen, dass diese Erfahrungen und Situationen für Sie bestimmt waren, um daran zu wachsen.

Sie werden außerdem feststellen, wie schnell sich die Dinge verändern, wenn Sie sie annehmen und akzeptieren, anstatt davor wegzulaufen. Die Erkenntnis darüber, dass nichts ohne Grund passiert, wird Sie auch auf all das vorbereiten, was Sie in der Zukunft erwartet. Wenn Sie in eine bestimmte Situation gelangt sind, die Sorgen und Ängste in Ihnen auslöst, weil Sie einen bestimmten Weg gewählt haben, werden Sie diesen Weg wohl zukünftig nicht mehr wählen. Wie würden Sie wissen, wie sich Erfolg anfühlt, wenn Sie noch nie erlebt hätten, wie sich Misserfolg anfühlt?

Es geht dabei aber nicht immer nur darum, Ziele zu erreichen oder auch nicht zu erreichen. Manchmal passieren auch Dinge, die alles auf den Kopf stellen und Sie im ersten Moment völlig aus dem Leben reißen. Manche Ereignisse liegen nicht in unserer Hand und können auch nicht beeinflusst werden. Im ersten Moment werden diese Erlebnisse nie einen Sinn ergeben. Sie werden womöglich die Gründe nicht verstehen und nach Antworten suchen. Und alles, womit Sie sich beschäftigen werden, ist ein riesiges Chaos aus Emotionen. Wenn Sie hingegen lernen, die Dinge im Leben genauso zu akzeptieren, wie sie kommen, dann werden Sie sehen, dass sich Türen für Sie öffnen, die wahrscheinlich verschlossen geblieben wären, wenn Sie die Situation nicht durchlebt hätten.

Es sind doch gerade die schwierigen Lebenslagen, die uns widerstandsfähiger und belastbarer machen und die Wahrheit ist doch, dass schwere Zeiten niemals permanent, sondern immer nur vorübergehend sind. Wenn Sie über vergangene Probleme oder problematische Situationen in Ihrem Leben nachdenken, erscheinen diese im Nachhinein gar nicht mehr so dramatisch, wie sie sich in der Vergangenheit angefühlt haben. Stellen Sie sich vor, Sie verlieren aus heiterem Himmel Ihren Job, weil das Unternehmen, für welches Sie arbeiten, seine Mitarbeiter nicht mehr bezahlen kann.

Im ersten Moment werden Sie wahrscheinlich völlig verzweifelt sein. Sie werden sich fragen, wie Sie Ihre Miete und Ihre Rechnungen bezahlen sollen, wie Sie Ihre Familie und sich selbst ernähren wollen und wie Sie jetzt auf die Schnelle einen neuen Job finden können, bei dem Sie das gleiche Gehalt verdienen, das Sie sich in den letzten Jahren so hart erarbeitet haben. Was aber, wenn Sie in Ihrer Verzweiflung einem Bekannten von Ihrer Situation erzählen und dieser zufällig von einer freien Stelle in einer Firma gehört hat, die perfekt auf Ihr Können und Wissen ausgerichtet ist? Obendrauf verdienen Sie dort ein noch besseres Gehalt und Ihre neuen Kollegen werden zu Ihren besten Freunden.

All diese Dinge passieren aus einem bestimmten Grund. Menschen ändern sich und verlieren den Kontakt, damit sie lernen können, loszulassen. Dinge gehen schief, damit sie lernen, sie zu schätzen, wenn sie gut laufen.

Manchmal müssen wir im Leben eben auch etwas verlieren, um Platz für etwas Besseres zu schaffen. All das, was Sie erleben, wird Ihnen außerdem dabei helfen, Ihre alten Überzeugungen zu überdenken und im besten Fall auch dabei, diese zu ändern. Obwohl Sie auf manche Umstände keinen Einfluss haben, tragen Sie immer die Verantwortung für Ihre Gedanken, Handlungen, Worte und für die Rolle, die Sie in jeder Situation spielen.

Das bedeutet natürlich nicht, dass Sie generell für alles verantwortlich sind, was Sie erleben, jedoch gibt es Ihnen vielleicht Anlass dazu, Ihr eigenes Verhalten zu reflektieren und zu erkennen, dass Ihre Überzeugungen dazu beitragen, nicht immer richtig zu handeln. Wenn zum Beispiel eine Ihrer Beziehungen in die Brüche gegangen ist, weil Sie an Ihren Überzeugungen festgehalten und sich auch dementsprechend verhalten haben, sollte Sie das zum Nachdenken anregen.

Vielleicht waren es nämlich gerade diese tief verankerten Überzeugungen, die letztendlich zu der Trennung beigetragen haben. Sich selbst einen Fehler einzugestehen, mag schwierig sein, trägt aber dazu bei, dass Sie diesen in der Zukunft nicht erneut machen werden.

Visualisierungstechniken

Jetzt haben Sie bereits eine ganze Menge darüber gelesen, warum es so wichtig ist, zu visualisieren, auf welche Lebensbereiche sich die Visualisierung anwenden lässt, wie Ihre Gedanken funktionieren und dass es möglich ist, all Ihre Träume und Wünsche auch in die Realität umzusetzen. Dennoch müssen Sie im Zuge dessen auch wissen, welche Techniken Sie anwenden können und wie das Ganze in der Praxis aussehen könnte. Es gibt ganz unterschiedliche Techniken, mit der Visualisierung vertrauter zu werden und diese dauerhaft in Ihr alltägliches Leben zu integrieren.

Das Gute daran ist, dass wirklich jeder diese Techniken erlernen kann und Sie diese unabhängig von Zeit und Ort anwenden können. Und obwohl jeder von uns diese unglaubliche Kraft besitzt, haben die meisten von uns nie gelernt, diese effektiv zu nutzen. Das ist häufig darauf zurückzuführen, dass sehr vielen Menschen das nötige Hintergrundwissen fehlt und dass keiner weiß, dass er selbst für seine Realität und für die Begebenheiten in seinem Leben verantwortlich ist.

Die richtige Verwendung der verschiedenen Visualisierungstechniken in Ihrem alltäglichen Leben kann und wird dazu beitragen, dass das Gesetz der Anziehung in seinem natürlichen Handeln aktiviert wird und Sie infolgedessen unglaubliche Ergebnisse erzielen können. Jede dieser Techniken erfordert Zeit, Übung und Konsequenz, wird sich aber, wie alles andere auch, schnell zur Gewohnheit entwickeln und mit der Zeit auch weniger Anstrengung erfordern. Bevor wir in diesem Zusammenhang näher auf die großen Begriffe wie Meditation oder Affirmationen eingehen, befassen wir uns vorab mit den Techniken beziehungsweise mit den Möglichkeiten, wie Sie Ihre Visualisierung gestalten können.

Jede Form der Visualisierung erfordert je nach Umfang ein wenig bis viel Kreativität, damit Sie diese auch so konkret und detailliert wie möglich gestalten können. Je realitätsnäher Sie diese gestalten, desto schneller und einfacher kann sich Ihr Unterbewusstsein auf die anstehenden Veränderungen einstellen. Um eine Visualisierung möglichst realistisch zu gestalten, sollten Sie hin und wieder versuchen, das gewünschte Ergebnis aus unterschiedlichen Perspektiven zu betrachten. Während Sie also in Ihrer Vorstellung, wie im richtigen Leben auch, alles durch Ihre eigenen Augen sehen, können Sie beim nächsten Mal versuchen, den Blickwinkel zu ändern und die gesamte Situation aus der Sicht eines außenstehenden Beobachters betrachten.

Das wird Ihre Visualisierung nicht nur intensivieren, sondern auch noch den Vorteil haben, dass Sie vielleicht einige Dinge erkennen, die von außen betrachtet gar nicht mehr so wichtig erscheinen. Je nach Einsatzbereich werden die beiden folgenden Techniken am häufigsten angewendet. Die erste dieser Techniken ist die Ergebnisvisualisierung, bei der Sie das Endziel beziehungsweise das Endergebnis visualisieren. Die zweite der beiden Techniken ist die sogenannte Prozessvisualisierung.

Dabei wird nicht nur das Ergebnis selbst, sondern ganz besonders auch der Weg dorthin visualisiert. Sie müssen sich also jede der Handlungen und Aktionen vorstellen, die zu der Erreichung des gewünschten Ziels erforderlich sind. Konzentrieren Sie sich auf die einzelnen Schritte, jedoch nicht auf das Gesamtziel. Diese Visualisierung dauert in der Regel so lange, wie auch die eigentliche Aktivität dauern würde. Diese Technik hat sich vor allem für viele Spitzensportler bewährt.

Der aktuelle Weltrekord im 100 Meter Lauf liegt beispielsweise bei 9,58 Sekunden. Das ist natürlich eine relativ geringe Zeit, jedoch hat der Sportler während seiner Visualisierung die Chance, sich seinen Lauf in Zeitlupe vorzustellen, um jede seiner Aktionen ganz genau zu begutachten und zu bewerten. Oder denken Sie an einen Skifahrer, der nur mit Hilfe seiner Vorstellungskraft die gesamte Strecke schon vor seinem Lauf abfahren kann. Letzten Endes können Sie das auf jede Sportart anwenden, um an möglichen Technikfehlern zu arbeiten.

Mit Visualisierung zum Erfolg

Menschen, die Ihre Träume durch harte Arbeit, vor allem aber durch eine positive Einstellung und ein enormes Selbstvertrauen verwirklichen, werden am Ende mit Erfolg belohnt. Es sind die Menschen, zu denen wir aufschauen und die wir auf gewisse Weise bewundern. Wir wählen diese Menschen als Vorbilder, sie motivieren und inspirieren uns, weil sie uns immer wieder deutlich machen, dass kein Ziel unerreichbar ist. Sie haben ihr Talent genutzt, um ihren Erfolg zu maximieren, indem sie an sich geglaubt haben und sich immer wieder selbst übertroffen haben, ohne jemals aufzugeben.

Einige der erfolgreichsten Sportler, Schauspieler, Musiker, Motivationsredner und Moderatoren unserer heutigen Zeit schwören auf eine regelmäßige Visualisierungspraxis und die außerordentliche Kraft, durch das Gesetz der Anziehung den großen Erfolg in ihrem Leben zu manifestieren. Viele von ihnen haben schon damit begonnen, bevor sie überhaupt erfolgreich wurden. Warum sollte es also nicht auch Ihnen möglich sein, erfolgreich zu werden?

All diese Menschen haben sich in ihrer Vorstellung ein klares Bild davon gemacht, was sie in ihrem Leben erreichen wollen und es durch Übung, Konzentration und Entschlossenheit letztendlich auch in der Realität manifestiert und erreicht. Wenn Sie anstreben, erfolgreich zu sein, müssen Sie so handeln, als ob Sie es bereits wären. Dieses Prinzip ist Ihnen bereits bekannt und genauso haben es auch schon viele andere vor Ihnen gemacht. Ein sehr gutes Beispiel dafür, dass die Visualisierung funktioniert, ist der Schauspieler Jim Carrey.

Schon lange bevor er erfolgreich wurde und besonders während der Zeit, als er mit finanziellen Schwierigkeiten und Sorgen zu kämpfen hatte, stellte er sich vor, eines Tages ein erfolgreicher Entertainer zu sein und damit die ganze Welt zu unterhalten. Im Jahr 1985 stellte er sich für seine erbrachte Schauspielleistung selbst einen Scheck über 10 Millionen Dollar aus. Datiert war der Scheck für Thanksgiving 1995, also zehn Jahre in der Zukunft. Er bewahrte den Zettel in seiner Brieftasche auf, bis er dann kurz vor Thanksgiving 1995 die Mitteilung bekam, dass er für seine Rolle in der Komödie „Dumm und Dümmer" eine Bezahlung in Höhe von 10 Millionen Dollar erhalten würde.

Er hat in verschiedenen Talkshows darüber gesprochen, wie er es mit Hilfe von kreativer Visualisierung geschafft hat, seine Ziele zu erreichen und einer der erfolgreichsten und bestbezahlten Schauspieler seiner Zeit zu werden. Auch er ist davon überzeugt, dass jeder Mensch für seine eigene Realität verantwortlich ist. Ganz egal, ob es dabei um die erstaunlichste und beste Erfahrung Ihres Lebens geht oder einfach um einen frustrierenden Arbeitstag – für beide dieser Situationen trägt niemand außer Ihnen selbst am Ende die Verantwortung. Er sagt außerdem, dass Sie das Universum um alles bitten können, was Sie sich wünschen.

Nichts ist zu groß oder zu klein und nichts ist unerreichbar. Lassen Sie nicht zu, dass Ihre Sorgen und Ängste Sie davon abhalten, das zu erschaffen, was Sie sich wünschen. Ein weiteres Beispiel ist die amerikanische Talk-Show-Moderatorin und Schauspielerin Oprah Winfrey. Sie schreibt dem Erfolg ihrer gesamten Karriere etwas zu, das wir alle besitzen – der Vorstellungskraft.

Unser Verstand, unsere Gedanken und unsere Fantasie sind Dinge, zu denen jeder von uns Zugang hat. Sie sagt, dass regelmäßiges und intensives Visualisieren das Gesetz der Anziehung aktiviert und dadurch die Menschen, Ressourcen und Umstände in unser Leben zieht, die wir benötigen, um unsere Ziele zu erreichen. Es hilft dabei, diese Ressourcen leichter wahrzunehmen und zu erkennen. Außerdem baut regelmäßiges Visualisieren unsere interne Motivation auf, die notwendigen Maßnahmen zu ergreifen, um unsere Träume zu verwirklichen.

Dies sind nur zwei von vielen weiteren Beispielen dafür, dass das Gesetz der Anziehung vielen erfolgreichen Menschen dabei geholfen hat, ihre Träume zu erfüllen. Wie bereits anhand eines kurzen Beispiels erwähnt, spielt die Visualisierung auch im Leistungssport eine bedeutende Rolle.

Viele Spitzenathleten praktizieren verschiedene Arten von Visualisierungen, um sich auf ein bestimmtes Ergebnis ihres nächsten Wettkampfes, Rennens oder auch auf eine einfache Trainingseinheit vorzubereiten. Durch das aktive Vorstellen einer bestimmen Szene, die sich aus Bildern des gewünschten Ergebnisses zusammensetzt, kann der Athlet sich schon vorab in das Gefühl hineinversetzen, das er haben wird, wenn er das Ergebnis erzielt hat.

Durch die Visualisierung werden sowohl der Verstand als auch der Körper darauf trainiert, die vorgestellten Fähigkeiten auch tatsächlich auszuführen. Einer dieser Athleten ist auch Michael Jordan. Der berühmte Basketballspieler wird als einer der besten und erfolgreichsten Athleten aller Zeiten angesehen. Kaum zu glauben, dass er während seiner Schulzeit von seinem College-Basketballteam ausgeschlossen und als nicht talentiert genug abgestempelt wurde. An diesem Punkt hätten viele Menschen wahrscheinlich den Glauben an sich selbst verloren und ihren Traum aufgegeben. Für Michael Jordan hingegen war diese prägende Erfahrung der Schlüssel zu seinem starken Selbstvertrauen und zu dem Ehrgeiz, der ihn letztendlich dahin gebracht hat, wo er heute steht.

Er fing an, regelmäßig Visualisierung zu üben und praktizierte diese jedes Mal, bevor er das Spielfeld betrat. Die Vorstellung davon, dass er jedes dieser Spiele gewinnen würde, entfachte all seine Kräfte und seinen Glauben an sich selbst. Er stellte sich vor, er sei der beste Basketballspieler der Welt, bis aus seiner Vorstellung eine Tatsache wurde.

Während dieses Selbstvertrauen von vielen anderen als Arroganz interpretiert wurde, wusste er, dass die Beständigkeit seines Auftretens entscheidend dafür war, in jedem Spiel seine Bestleistung zu erbringen und sich von allen anderen Spielern abzuheben. Eine Sache haben all diese erfolgreichen Menschen gemeinsam: Sie waren überzeugt davon, dass ihr großer Traum in Erfüllung gehen wird und vor allen Dingen waren sie überzeugt von sich selbst. Erfolg ist natürlich immer relativ.

Ihr Ziel muss nicht unbedingt sein, ein Spitzensportler oder Entertainer zu werden, aber vielleicht können Ihnen diese Geschichten dabei helfen zu erkennen, dass nichts unmöglich ist. Und falls Sie erneut den Gedanken haben sollten, dass Sie etwas nicht schaffen können, dann erinnern Sie sich vielleicht an den Erfolg einer dieser berühmten Persönlichkeiten zurück und finden so zu neuer Inspiration und Motivation, um dranzubleiben. Manchmal kann es auch helfen, sich selbst ein wenig Mut zuzusprechen. Positive und motivierende Affirmationen können ein kraftvoller Begleiter zu Ihrer üblichen Visualisierung sein. Worum es sich bei diesen Affirmationen genau handelt und wie Sie diese ganz einfach in Ihren Alltag integrieren können, erfahren Sie im folgenden Abschnitt.

Affirmationen

Wie bereits kurz angeschnitten, werden Affirmationen sehr häufig begleitend zu einer Visualisierung eingesetzt, um die Überzeugung und die Emotionen hinter den zielorientierten Gedanken zu bestärken. Affirmationen sind sehr kraftvolle und positive Bestätigungen, die Sie inspirieren und motivieren werden, Ihre Ziele und Wünsche zu manifestieren und eine Realität zu erschaffen, von der Sie schon immer geträumt haben. Mit Hilfe dieser Bestätigungen können Sie lernen, negative Gedanken zu entkräften und ein positiveres Selbstbild zu schaffen.

Eine Affirmation kann deshalb funktionieren, weil sie die Fähigkeit besitzt, Ihren Verstand so umzuprogrammieren, dass er an das von Ihnen genannte Konzept glaubt. Das ist ebenfalls darauf zurückzuführen, dass der Verstand nicht zwischen Vorstellung beziehungsweise Fantasie und Realität unterscheiden kann. Affirmationen können Ihre unterbewussten Gedankenmuster aufdecken und kategorisieren, um herauszufinden, welche negativen und ungesunden Gedanken sich eventuell im Laufe Ihres Lebens manifestiert haben.

Es geht nicht direkt um Veränderung, sondern vielmehr um die Kraft und die Fähigkeit, erst das zu akzeptieren, was ist und dann in das umzuwandeln, was möglich ist. Es gibt sowohl positive als auch negative Arten von Affirmationen. Bei negativen Affirmationen geht es oft um Dinge, die sich im Laufe Ihres gesamten Lebens dadurch manifestiert und verstärkt haben, dass Sie ständig wiederholt wurden, ohne dass es Ihnen überhaupt bewusst war. Sehr oft handelt es sich dabei um Aussagen, die beispielsweise Ihre Eltern, Ihre Lehrer oder andere Menschen getroffen haben und die damit schon im Kindesalter einen großen Einfluss auf Sie hatten.

Wie oft haben Sie schon etwas an Ihrem Aussehen oder an Ihrem Können bemängelt und sich gesagt, dass Sie nicht gut oder talentiert genug sind, um etwas ganz Bestimmtes in Ihrem Leben zu erreichen? Und das tun Sie wahrscheinlich nicht nur einmal, sondern in den meisten Fällen mehrmals am Tag. Wenn Ihre Eltern Ihnen beispielsweise gesagt haben, dass Sie womöglich niemals ein erfolgreicher Musiker werden, weil es davon bereits viel zu viele gibt und die Konkurrenz einfach zu groß ist, dann werden Sie sich zu einer sehr hohen Wahrscheinlichkeit auch Ihr ganzes Leben lang einreden, dass Sie niemals ein erfolgreicher Musiker werden.

Und wenn Sie nun ganz bewusst darüber nachdenken, werden Ihnen vielleicht noch viele weitere Dinge einfallen, die mit der Zeit zu einer festen Überzeugung geworden sind. Wenn solch eine negative Überzeugung sich erst einmal tief in Ihrem Unterbewusstsein verwurzelt hat, kann sie nur sehr schwer wieder außer Kraft gesetzt werden.

Sollten Sie also zu Beginn die Erfahrung machen, dass es schwierig ist, die positiven Bestätigungen mit Überzeugung zu wiederholen, sind Sie damit nicht allein, denn auch Affirmationen erfordern konsequente Übung und Wiederholung. Letztendlich geht es darum, eine Aussage immer und immer wieder in Gedanken zu wiederholen oder diese laut auszusprechen. Diese Aussagen können Ihnen nicht nur dabei helfen, sich selbst zu motivieren, sondern auch dabei, Ihr Selbstgefühl zu steigern und Ihren eigenen Wert zu erkennen. Sagen Sie zum Beispiel jeden Morgen, nachdem Sie aufgestanden sind, ein paar nette Worte zu sich selbst.

Schauen Sie sich dabei im Spiegel an und sagen Sie voller Überzeugung, dass Sie wundervoll sind und heute einen unfassbar guten Tag haben werden. Sie können Ihren Satz mit den Worten „Ich bin" beginnen, also „Ich bin wundervoll und dieser Tag ist unfassbar gut". Wenn Sie die Affirmationen zum ersten Mal aussprechen, müssen diese nicht unbedingt der Wahrheit entsprechen. Wenn Sie also tatsächlich mit dem falschen Fuß aufgestanden sind und sich überhaupt nicht wundervoll fühlen, können Sie diese Einstellung mit Hilfe der richtigen Formulierung ganz einfach ändern.

Dennoch sollte die Affirmation so formuliert sein, dass sie das widerspiegelt, was Sie wirklich wollen. Die Bestätigung muss aussagekräftig und individuell auf Ihre Ziele oder auf die Veränderungen abgestimmt sein, die Sie am heutigen Tag oder generell in Ihrem Leben erreichen möchten. Jeder

Mensch hat unterschiedliche Gedanken, die ihn regelmäßig beschäftigen. So hat beispielsweise eine Person, die ein eher durchschnittliches Leben führt, andere Gedanken als eine Person, die ein sehr erfolgreiches Leben führt. Wenn Sie also Ihre Denkweise und Ihre Realität verändern möchten und Erfolg anstreben, müssen Sie lernen, wie eine erfolgreiche Person zu denken.

Wenn Sie damit beginnen, Ihre Affirmationen zu formulieren, gibt es ein paar Dinge, die Sie beachten können, damit die Bestätigungen so effektiv wie möglich werden. Ganz wichtig ist zum Beispiel, immer in Gegenwartsform zu formulieren, also so, als wäre das Ziel bereits erreicht beziehungsweise als wäre der Wunsch schon in Erfüllung gegangen. Formulieren Sie immer positiv. Bestätigen Sie nur das, was Sie wirklich wollen und nicht das, was Sie nicht wollen. Fassen Sie sich kurz, jedoch so spezifisch wie möglich. Bekräftigen Sie immer sich selbst und nicht andere.

Schließen Sie nach Bedarf und Möglichkeit ein Gefühl mit ein. Ist Ihr Ziel also zum Beispiel, dass Sie Ihren Traumberuf ausüben möchten und mit diesem Job 3000 € im Monat verdienen, könnte Ihre Affirmation folgendermaßen formuliert sein: „Ich bin glücklich und dankbar, dass ich jeden Tag meinen Traumjob ausübe und 3000 € im Monat verdiene." Das ist natürlich nur eines von sehr vielen Beispielen, wie das Ganze aussehen könnte. Mit ein wenig Übung, vor allem aber durch konsequente Wiederholung dieser positiven Bestätigungen, werden Ihre inneren Überzeugungen und die Meinungen über sich selbst und Ihr Umfeld beginnen, sich völlig neu zu formen. Auch die Wahrnehmung darüber, wer Sie wirklich sind und wo Sie sich im Leben sehen, wird sich auf wundersame und positive Weise verändern.

Viel wichtiger als die Affirmation selbst ist jedoch die innere Überzeugung und der feste Glaube daran. Wenn wir an das Gesetz der Anziehung anknüpfen, formen all Ihre Gedanken und Gefühle Ihre Realität. Demnach liegt auch die Kraft der Affirmationen in der Fähigkeit, Ihre Außenwelt zu verändern, indem Sie zuerst damit beginnen, Ihre Innenwelt zu verändern. Letztendlich können sich Affirmationen auf viele Lebensbereiche sehr positiv auswirken. Sie können Ihre Fähigkeit verbessern, Probleme schneller und einfacher zu lösen oder sich in Stresssituationen selbst Zuspruch zu leisten. Das ist besonders nützlich, wenn Sie sich auf einen wichtigen Termin vorbereiten oder zum Beispiel vor einer größeren Gruppe sprechen müssen. Außerdem verbessern positive Affirmationen Ihre Sicht auf die guten Dinge im Leben, was Sie wieder mit tiefer Dankbarkeit verbindet und folglich mehr Glück in Ihnen auslöst. Das Unterbewusstsein wird sowohl von Worten als auch von Bildern beeinflusst.

Während Affirmationen die Worte beinhalten, umfasst eine Visualisierung die mentalen Bilder, die Ihre Realität kreieren. Das ist der Grund, weshalb die Kombination aus beiden Techniken besonders effektiv und wirkungsvoll ist. Sie können also Ihre Visualisierung durch positive Bestätigungen zusätzlich bekräftigen. Nehmen Sie sich täglich mindestens fünf bis zehn Minuten Zeit, Ihre Affirmationen zu wiederholen. Sprechen Sie diese am besten laut, voller Überzeugung und mit viel Enthusiasmus aus. Machen Sie das kurz nach dem Aufstehen, um positiv und motiviert in den Tag zu starten oder kurz bevor Sie ins Bett gehen.

Meditation

Der Begriff Meditation ist Ihnen mit Sicherheit geläufig und vielleicht haben Sie auch eine Vorstellung davon, wie eine solche aussehen könnte. Möglicherweise haben Sie auch selbst schon versucht, zu meditieren und einige der unzähligen Vorteile für sich entdeckt. Und obwohl mit hoher Wahrscheinlichkeit der Großteil unserer Bevölkerung zumindest schon einmal davon gehört oder darüber gelesen hat, haben die meisten ein völlig falsches Bild davon, was es überhaupt bedeutet, zu meditieren.

Gerade die Menschen, die eher verschlossen gegenüber Veränderungen sind und häufig in Schubladen denken, halten die Meditationspraxis für völligen Nonsens und können sich weder damit identifizieren noch darauf einlassen. Andere Menschen hingegen profitieren von all den Vorteilen, die das Meditieren mit sich bringt, und lernen dadurch nicht nur achtsamer und bewusster zu sein, sondern schaffen es auch, Ihren Verstand so zu beeinflussen, dass Sie ein wenig Ordnung in das tägliche Chaos aus Gedanken bringen können.

Die Meditation ist nicht direkt eine Fähigkeit, sondern viel mehr eine Erfahrung. Es ist eine mentale und bei täglicher Praxis fast schon eine zeremonielle Übung, um sowohl das Bewusstsein als auch das Mitgefühl zu sensibilisieren. Es geht darum, in Ihr Inneres zu blicken, Ihren Verstand zu beobachten und zu trainieren und dadurch zu mehr Ruhe, Klarheit und Zufriedenheit zu finden.

Ein weiterer Vorteil ist, dass Sie im Laufe der Zeit zunehmend lernen, den gegenwärtigen Moment ganz bewusst zu erleben. Es geht darum, all Ihre mentalen und körperlichen Ebenen zu erkunden und den Kern Ihres Bewusstseins zu ergründen. Um besser zu verstehen, was meditieren eigentlich ist, macht es Sinn, Vorurteile aus dem Weg zu schaffen und zu klären, was es *nicht* ist. In erster Linie sollten Sie verstehen, dass es bei der Meditation nicht darum geht, den Strom der Gedanken vollständig anzuhalten oder den Verstand vollständig zu leeren, obwohl dies der Vermutung vieler Menschen wahrscheinlich sehr nahekommt. Meditieren bedeutet also nicht, sich hinzusetzen, die Augen zu schließen und an nichts mehr zu denken.

Es geht vielmehr darum, die eigenen Gedanken klarer zu sehen. Die Meditation selbst garantiert weder Entspannung noch Gelassenheit oder Glückseligkeit, jedoch stellen sich diese Nebeneffekte nach häufiger Praxis automatisch ein und können zum dauerhaften Begleiter werden. Dennoch ist es genauso gut möglich, dass Ihre Meditation auch eine Reihe von anderen Gefühlen beinhaltet, die Sie lange unterdrückt und verdrängt haben. Hingegen vieler Annahmen hat die Meditation auch nicht unbedingt einen spirituellen oder religiösen Hintergrund.

Es ist zwar richtig, dass die Meditationspraxis eine lange Geschichte mit verschiedenen Religionen teilt und sie für viele Praktizierende eine spirituelle Bedeutung hat, was aber nicht bedeutet, dass Sie nur meditieren können, wenn Sie einer bestimmten Glaubensform angehören. Jeder Mensch kann meditieren, ganz unabhängig vom Glauben, vom Lebensalter oder von sämtlichen Überzeugungen. Es gibt viele Gründe, mit der regelmäßigen Meditationspraxis zu beginnen. Gerade in der heutigen Zeit ist es wichtig, dass Sie einen Ausgleich zu all den Dingen finden, denen Sie in Ihrem Alltag begegnen.

Besonders in Stresssituationen hilft es, einen kühlen Kopf zu bewahren und zu wissen, wie Sie sich selbst davor schützen können, dass der Stress Sie mental und körperlich zu stark beeinflusst. Stress ist eine der häufigsten Ursachen für physische und mentale Erkrankungen und kann auf Dauer ernste gesundheitliche Folgen für den Körper haben. Das Leben ist manchmal ganz und gar nicht einfach und Sie begegnen täglich neuen Herausforderungen, die Sie meistern müssen.

Auch wenn Sie nicht immer kontrollieren können, was passiert, besitzen Sie die Fähigkeit, etwas ganz Entscheidendes zu verändern - die Art und Weise, wie Sie mit schwierigen Situationen umgehen. Denken Sie einen kurzen Moment darüber nach, wie oft Sie im Alltag Menschen oder

Situationen begegnen, die Sie aus der Ruhe bringen und Unwohlsein in Ihnen auslösen. Der Grund dafür, dass wir uns schnell aus dem Konzept bringen lassen und mit negativen Emotionen auf bestimmte Umstände reagieren, kann zum Beispiel sein, dass wir die Dinge, die wir sehen und hören, entsprechend unserer Erwartungen, Ängste und Vorurteile interpretieren, anstatt jede Situation offen anzunehmen und sie so zu akzeptieren, wie sie gerade ist. Wenn Sie regelmäßig meditieren, lernen Sie jeden Moment zuzulassen, ohne ihn zu bewerten und können auch im Alltag davon profitieren.

Je häufiger Sie es schaffen gegenwärtig zu bleiben, anstatt sich in Ihren Gedanken zu verlieren oder sich stark durch äußere Einflüsse ablenken zu lassen, desto häufiger werden Sie auch in der Lage sein, aus jedem Augenblick das Beste zu machen und auch die kleineren Dinge in Ihrem Leben zu genießen. Durch Meditationen werden Sie neues Bewusstsein erlangen und ein besseres Verständnis darüber, warum Sie so denken und fühlen, wie Sie es tun. Mitgefühl ermöglicht Ihnen nicht nur verständnisvoller mit sich selbst zu sein, sondern dieses Verständnis auch für Ihre Mitmenschen aufzubringen. Das ist besonders wichtig für all Ihre zwischenmenschlichen Beziehungen, ganz egal ob zu Ihrem Partner beziehungsweise Ihrer Partnerin, zu Familienangehörigen oder zu Freunden.

Manche Menschen profitieren schon nach wenigen Malen von den Vorteilen der Meditation und merken sehr schnell, wie sich diese positiv auf ihr Leben auswirken. Dennoch ist das von Person zu Person sehr individuell und unterschiedlich, da eine Meditation sich für jeden Menschen anders anfühlt und sehr abhängig vom allgemeinen mentalen Zustand ist. Wie bei jeder neuen Aktivität oder Fähigkeit, die Sie erlernen möchten, können Sie als Anfänger von einer geführten Meditation profitieren.

Diese kann persönlich von einem Lehrer angeleitet sein, aber auch ganz einfach über Ihr Handy oder über Ihren Computer abgespielt werden. Der Vorteil daran ist, dass Sie durch klare Anweisungen durch die gesamte Meditation geleitet werden. Gerade zu Beginn werden Sie höchstwahrscheinlich feststellen, dass Ihnen hunderte Gedanken durch den Kopf gehen und jeder dieser Gedanken wird wiederum eine weitere Reaktion hervorrufen. Sie werden daran denken, was Sie heute bereits erledigt haben, was Sie noch erledigen müssen, was Sie sich heute Abend kochen könnten oder dass Sie unbedingt einmal wieder Ihre Eltern anrufen müssten.

Lassen Sie sich an dieser Stelle nicht verunsichern und schon gar nicht davon abhalten, die Meditation fortzusetzen. Lassen Sie jeden Gedanken einfach kommen und wieder gehen, ohne ihn zu bewerten oder verhindern zu wollen. Denn bei der Meditation geht es auch darum, Dinge loszulassen und dazu gehören auch Ihre Gedanken. Anstatt also auf jeden Gedanken zu reagieren, können Sie wieder Achtsamkeit üben, indem Sie sich über die Unruhe Ihres Verstandes bewusst werden.

Meditationstechniken

Es gibt nicht nur unfassbar viele Arten, *wie* Sie Ihre Meditation praktizieren können, sondern auch eine Menge von Techniken, die, gezielt eingesetzt, ganz unterschiedliche Auswirkungen auf Körper und Verstand haben. Und obwohl jede dieser Techniken in der Praxis selbst einen anderen Fokus hat, verfolgen Sie am Ende trotzdem dasselbe Ziel – bewusstes Denken und mehr Achtsamkeit in Ihr Leben zu bringen. Vorweg ist zu sagen, dass es weder ein Richtig noch ein Falsch gibt. Jeder Mensch muss für sich individuell herausfinden, welche Technik für ihn am besten funktioniert.

Allgemein wird klassifiziert in zwei verschiedene Kategorien: konzentrative und nicht konzentrative Meditation. Konzentrative Meditationstechniken beinhalten das Fokussieren auf ein bestimmtes Objekt, das in der eigenen Umgebung wahrgenommen werden kann und sich außerhalb von sich selbst befindet. Das kann zum Beispiel der Klang eines Instruments, ein Mantra, eine geführte Meditation oder eine Kerzenflamme sein.

Demnach geht es bei der nicht konzentrativen Technik darum, innere Körperzustände zu fokussieren. Das beinhaltet oft die Beobachtung der eigenen Atmung oder zum Beispiel eine Körperreise. Dennoch kann es bei diesen Techniken durchaus zu Überschneidungen kommen und eine Meditation kann im Grunde genommen auch beides beinhalten.

Jede Meditation kann also sowohl konzentrativ als auch nicht konzentrativ sein. Bei beiden Techniken geht es darum, die Fähigkeit zur Fokussierung und Konzentration zu verbessern. Meditationen sollen dabei helfen, uns über einen gewissen Zeitraum mit etwas Bestimmtem zu verbinden. Dabei ist in erster Linie wichtig zu verstehen, dass es sich bei allen Übungen um ein Training des Geistes beziehungsweise des Verstandes handelt, weshalb es völlig natürlich ist, dass dieser von Zeit zu Zeit wandert und Sie möglicherweise den Fokus verlieren.

Je häufiger Sie jedoch meditieren und üben, desto länger und besser wird auch Ihre Konzentrationsfähigkeit werden. Konzentration wird gerade in den Momenten verbessert, in denen Ihr Verstand wandert und Sie zu Ihrem Bewusstsein zurückfinden. Wenn also immer wieder Gedanken auftauchen, die Sie von Ihrem Fokus auf ein bestimmtes Objekt ablenken, lassen Sie diese Gedanken einfach wieder gehen und bringen Sie Ihre Konzentration ganz bewusst zurück.

Jedes Mal, wenn Sie Ihre Aufmerksamkeit zurückbringen, stärken Sie Ihre Konzentrationsfähigkeit und Sie werden schon nach kurzer Zeit in der Lage sein, sich nicht mehr in Ihren Gedanken zu verlieren und fokussiert zu bleiben. Neben der Konzentration sollen viele Meditationen vor allem dazu dienen, Achtsamkeit zu üben. Diese beiden Begriffe werden häufig verwechselt oder als ein und dasselbe verstanden. Sie gehen Hand in Hand miteinander und dennoch gibt es wichtige Unterschiede.

Eines ist klar: Beide Komponenten spielen eine große Rolle in Ihrer Meditation. Auch die Visualisierung ist im Grunde genommen eine Meditationstechnik, bei der es nicht nur um Konzentration, sondern auch um Achtsamkeit geht. Da es bei all diesen Techniken aber besonders um die Umsetzung beziehungsweise um die Praxis geht, kommen wir jetzt zum wohl wichtigsten Teil und zu der Frage, wo Sie am besten anfangen.

Visualisierung Schritt für Schritt

Sie haben nun bereits eine Menge Informationen darüber erhalten, was Visualisieren eigentlich bedeutet, wie es funktioniert, auf welche Lebensbereiche Sie Ihre Visualisierung anwenden können und welcher Sinn eigentlich dahintersteckt. Das alles jedoch nur in der Theorie. Vielleicht haben Sie sich bereits die Frage gestellt, wie Sie das Ganze nun in die Praxis umsetzen können.

Jeder dieser einzelnen Bereiche wurde im Laufe des Textes schon angeschnitten und wird Ihnen daher vielleicht auch bekannt vorkommen. Dennoch macht es Sinn, dass Sie sich einen Überblick verschaffen können, wie Sie Ihre Visualisierung Schritt für Schritt angehen können. Sie können erst einmal damit anfangen, Ihre Visualisierung aufzuschreiben.

Der Sinn dahinter, das aufzuschreiben, was Sie visualisieren möchten ist, dass es Ihnen eine Struktur gibt, eine Art Plan, auf den Sie zu jeder Zeit zurückgreifen können. Das kann besonders dann hilfreich sein, wenn Ihnen während Ihrer Visualisierung immer wieder Gedanken durch den Kopf schießen, die Sie vom Wesentlichen ablenken.

Das kann Sie gerade zu Beginn häufiger aus dem Konzept bringen und auch etwas frustrierend sein. Wenn Sie jedoch vorab Ihre Visualisierung aufgeschrieben haben, können Sie einfach Ihre Augen öffnen, sich die Notizen erneut anschauen und an den Ort zurückkehren, an dem Sie den Fokus verloren haben.

Nachdem Sie sich ein paar Minuten Zeit genommen haben, um Ihre Visualisierung vorab aufzuschreiben, wird es Ihnen außerdem leichter fallen, sich zum einen besser und zum anderen auch länger auf Ihre Vorstellung zu konzentrieren. Und keine Sorge: Auch wenn Sie einige Sekunden die Augen öffnen müssen, falls Sie den Faden verloren haben, wird Sie das nicht davon abhalten, die Konzentration aufrechtzuerhalten, sondern vielmehr dabei unterstützen, dranzubleiben. Damit das Ganze funktioniert, müssen Sie jedoch Ihre Ziele ganz genau kennen. Je nach Bedarf können Sie Ihre Visualisierung in verschiedene Bereiche unterteilen, zum Beispiel in Job, Finanzen und Beziehungen.

Ob das für Sie letztendlich die richtige Methode ist, müssen Sie in der Praxis herausfinden. Machen Sie sich vorab ein paar Gedanken, bevor Sie mit dem Aufschreiben beginnen. Die Notizen sollten relativ detailliert sein, dienen aber in erster Linie dazu, Ihnen einen kleinen Anstoß in die richtige Richtung zu geben.

Wenn Sie erst einmal ein wenig Übung haben, werden Sie merken, dass die Details sich im Laufe der Zeit von ganz allein ergeben. Ihr berufliches Ziel könnte zum Beispiel sein, dass Sie sich selbstständig machen wollen. Schreiben Sie dann auf, was diese Selbstständigkeit für Sie beinhalten sollte. Sie sind Ihr eigener Chef, Sie können ganz entspannt von zu Hause aus arbeiten, Sie verdienen jeden Monat Betrag X und so weiter.

Wie Ihnen bereits bewusst ist, reichen die Gedanken an das Ziel allein nicht aus. Der nächste Schritt wäre also, dass Sie sich nicht nur die Ziele selbst notieren, sondern auch die damit verbundenen Emotionen, die Sie spüren würden, wenn Sie diese Ziele bereits erreicht hätten.

Das ist sehr wichtig und wird die Effektivität Ihrer Visualisierung auf das nächste Level bringen. Das Erzeugen von Emotionen ist Ihr persönlicher Schlüssel zum Erfolg. Wenn Sie das getan haben, können Sie diese Gefühle ebenfalls notieren. Um bei dem Beispiel Karriere zu bleiben, könnten Sie aufschreiben, dass Sie stolz auf sich sind, den Sprung in die Selbstständigkeit gewagt zu haben. Sie fühlen sich frei und unabhängig, seitdem Sie Ihr eigener Chef sind. Sie sind zuversichtlich und glücklich über Ihre Entscheidung und Sie sind frei von jeglichen Geldsorgen, weil Sie ein großartiges Einkommen verdienen.

Schon während Sie alles Wichtige aufschreiben, werden Sie wahrscheinlich merken, dass Sie sich nach jedem Satz selbst zustimmen werden. Sie werden einfach fühlen, dass Sie sich auf dem richtigen Weg befinden und das wird Ihnen noch mehr Motivation geben. Schreiben Sie also einige wichtige Punkte für jeden Ihrer gewählten Bereiche auf, auf welche Sie sich während der Visualisierung konzentrieren möchten. Wenn Sie das getan haben, können Sie zum nächsten Schritt übergehen. Es ist besonders wichtig, beim Visualisieren so entspannt wie möglich zu sein.

Gehen Sie an einen Ort, an dem Sie sich besonders wohlfühlen, aber vor allem an einen Ort, an dem Sie Ihre Ruhe haben und Sie ungestört sind. Je entspannter Sie sind, bevor Sie beginnen, desto besser und intensiver wird auch Ihre Visualisierung sein.

Eine Visualisierung ist in der Regel dann am intensivsten, wenn Sie sich die Zeit nehmen, vorab eine einfache meditative Übung durchzuführen. Für manche Menschen ist es außerdem hilfreich, währenddessen entspannende Musik zu hören. Machen Sie einfach das, was Ihnen am besten dabei hilft, in diesen entspannten meditativen Zustand zu gelangen. Jetzt können Sie zum praktischen Teil übergehen. Wie visualisieren Sie aber nun am besten in der Praxis?

Visualisieren Sie sich selbst als eine selbstbewusste und erfolgreiche Person, die bereits all ihre Ziele erreicht hat. Sehen Sie sich auch selbst dabei, wie Sie als diese selbstbewusste und erfolgreiche Person handeln würden. Sie sollten sich die Bilder in Ihrem Kopf so hell und lebendig wie möglich vorstellen. Sehen Sie sich genauso, wie Sie sein möchten. Schauen Sie sich um und nehmen Sie auch Ihre Umgebung wahr. Wo genau sind Sie und ist vielleicht außer Ihnen noch jemand anderes da?

Vielleicht können Sie jemanden wahrnehmen, den Sie kennen. Sie können auch ein Gespräch mit den Menschen führen, die Sie sehen. Wenn Sie das hier gerade lesen, mag Ihnen das vielleicht im ersten Moment etwas merkwürdig erscheinen, aber warum sollte es merkwürdig sein?

Sie würden mit diesen Personen höchstwahrscheinlich auch im wirklichen Leben sprechen, also sprechen Sie auch in Ihrer Vorstellung mit ihnen. Beobachten Sie auch ganz genau, wie Sie sich als die selbstbewusste und erfolgreiche Person fühlen, die Sie sehen. Sind Sie glücklich und zufrieden?

Achten Sie auf jedes Detail und darauf, was Sie in Ihrer Vorstellung eventuell anders machen als im richtigen Leben. Gehen Sie immer tiefer ins Detail und achten Sie auf jede Kleinigkeit. Welche Kleidung tragen Sie? Wie fühlt sich diese Kleidung an? Sind Sie an einem warmen Ort oder ist es eher kühl? Beobachten Sie all diese Dinge und nehmen Sie auch die damit verbundenen Gefühle wahr, die in Ihnen ausgelöst werden.

Je realistischer Ihre Visualisierung ist, desto besser werden am Ende auch die Ergebnisse sein. Das Ziel ist es, neue Erinnerungen in Ihr Unterbewusstsein einzupflanzen. Wenn Sie diese Erinnerungen noch lebendiger und detaillierter machen als Ihre echten Erinnerungen, werden Sie unfassbar effektive Resultate erzielen. Handeln Sie in Ihrer Vorstellung immer so, wie Sie es für ideal halten. Das Gute ist, dass Ihnen dabei keinerlei Grenzen gesetzt sind.

Es ist Ihre Vorstellung und an diesem Ort können Sie alles erschaffen, was Sie für richtig und wichtig halten. Dabei ist es in erster Linie völlig unwichtig, ob Ihr Leben zum jetzigen Zeitpunkt noch nicht Ihren Vorstellungen und Wünschen entspricht. Die erste Hürde, die Sie beim Lernen der Visualisierungspraxis überwinden müssen, ist die Auseinandersetzung mit dem unangenehmen Gefühl, etwas zu tun, das Sie bis jetzt noch nie getan haben.

Und welcher Ort könnte dafür besser geeignet sein als Ihr Kopf? Selbst in Ihrer Vorstellung wird es Sie eventuell Überwindung kosten, etwas zu tun, ohne eigentlich zu wissen, wie es funktioniert. Dennoch sind Sie hier in einer geschützten Umgebung, weshalb Sie sich absolut selbstsicher fühlen können.

Genießen Sie einfach das Gefühl, sich selbst dabei zu beobachten, wie Sie sich auf Ihre Art und Weise ideal verhalten. Sie werden erkennen, dass Sie sich auch im echten Leben so verhalten können, wenn es in Ihrer Vorstellung ganz problemlos funktioniert. Diese Erkenntnis kann Ihnen auch dabei helfen, Situationen zu meistern, in denen Sie sich in der Vergangenheit unsicher und unwohl gefühlt haben.

Wenn Sie beispielsweise bislang immer Angst davor hatten, einen Vortrag vor einer größeren Gruppe zu halten, visualisieren Sie vor allem diese Situation ganz bewusst. Stellen Sie sich ganz genau vor, wie Sie ohne Probleme selbstbewusst und enthusiastisch einen Vortrag halten und beachten Sie, welche Emotionen das in Ihnen hervorruft.

Visualisieren Sie aber auch die Reaktionen Ihrer Zuhörer, um das Ganze wieder möglichst realistisch zu gestalten. Sie können das auch besonders gut auf Ihre aktuelle finanzielle Situation anwenden, wenn das ein Faktor ist, der Ihnen Sorgen bereitet. Nehmen wir an, Sie befinden sich gerade in einer nicht ganz so erfreulichen und zufriedenstellenden finanziellen Lage und Sie wünschen sich mehr Geld und Fülle in Ihrem Leben. Wie würde sich das anfühlen?

Visualisieren Sie zum Beispiel Ihre prall gefüllte Geldbörse. Spüren Sie das Gewicht in Ihren Händen, nehmen Sie das Geld heraus und zählen Sie die Scheine und Münzen, die sich darin befinden.

Visualisieren Sie, wie sich das Geld in Ihren Händen anfühlt – das Gewicht, die Textur, eventuell sogar den Geruch der Münzen. Nehmen Sie sich auf jeden Fall genug Zeit, um in Ihrer Vorstellung einen Geldautomaten aufzusuchen. Überprüfen Sie Ihren Kontostand, schauen Sie sich Ihre Kontoauszüge und die vielen hohen Beträge an, die in den letzten Tagen eingegangen sind.

Nehmen Sie wahr, wie gut es sich anfühlt, die vollständige Kontrolle über Ihre Finanzen zu haben. Erinnern Sie sich immer daran, dass Sie genau das Leben visualisieren können, das Sie sich für sich wünschen. Es gibt nichts, das Sie nicht erreichen können. Es gibt noch weitere Faktoren, die Ihre Visualisierung positiv beeinflussen können, damit sich diese noch realistischer anfühlt: Es macht Sinn, Ihre Ziele hin und wieder aus einer anderen Perspektive zu sehen. Sehen Sie all die Erfahrungen zuerst durch Ihre eigenen Augen und beobachten Sie, wie Sie sich dabei fühlen.

Dann können Sie das Ganze erneut visualisieren, allerdings durch die Augen einer außenstehenden Person. Sie können auch versuchen, die gesamte Situation auf einer großen Kinoleinwand zu betrachten. Seien Sie in jedem Fall experimentierfreudig, um herauszufinden, welche Methode sich für Sie am besten eignet.

Dennoch kann ein anderer Blickwinkel auch häufig eine gute Technik sein, um das eigene Verhalten zu reflektieren und sich anschließend selbst eine Rückmeldung zu geben. Sie können zum Beispiel sehen, wie andere Leute auf Ihr Verhalten reagieren und ob Sie Selbstvertrauen und Zufriedenheit ausstrahlen.

Wenn nicht, ändern Sie Ihre Perspektive wieder und ändern Sie all das, was Sie von Ihrem idealen Verhalten abhält. Versuchen Sie sich dann erneut als Beobachter und schauen Sie, was passiert.

Der absolut wichtigste Schritt, der Ihnen den größten Erfolg bringen wird, ist und bleibt aber die Erzeugung von Emotionen und Gefühlen – die Gefühle und Emotionen, die Sie spüren würden, wenn Sie Ihre Ziele bereits erreicht hätten. Es ist nicht ausreichend, nur die Bilder in Ihrem Kopf zu sehen. Sie müssen Ihrem Gehirn bewusst machen, auf welche Gefühle es achten muss. Sie müssen Ihre Visualisierung mit all Ihren Sinnen erleben.

Erleben Sie genau das, was Sie erleben würden, wenn Ihre Träume bereits wahr geworden wären. Sie werden mit Sicherheit eine Menge Dinge, wie zum Beispiel Stolz, Freude, Selbstvertrauen und Glück, verspüren. Sie werden sich erfolgreich fühlen und dieses unvergleichliche Gefühl werden Sie noch eine ganze Weile nach der Visualisierung in sich tragen.

Sie werden motiviert sein, all diese Dinge auch in der realen Welt zu erschaffen. Tun Sie alles, was in Ihrer Macht steht, um dieses Erfolgsgefühl in Ihnen auszulösen. All diese Bilder und Emotionen sollen Ihnen zeigen, worauf Sie auf dem Weg zum Erfolg achten müssen. Auch hier gilt wieder:

Je intensiver Sie die Gefühle wahrnehmen, die Sie erzeugen, und je mehr Emotionen Sie spüren, desto besser und schneller werden Sie auch die Ergebnisse Ihrer Visualisierung sehen. Jetzt sollten Sie alles wissen, was es zu einer erfolgreichen Visualisierung braucht und, viel wichtiger, wie Sie am besten damit beginnen. Vielleicht können Sie an dieser Stelle auch verstehen, warum so viele Menschen zu Beginn daran scheitern. Es reicht bei weitem nicht aus, einfach die Augen zu schließen und sich vorzustellen, erfolgreich zu sein. Es wird ein wenig Zeit brauchen, bis Sie sich Ihre ganz persönliche, für Sie effektivste Visualisierung erarbeitet haben. Sie können aber sicher sein, dass es jede Mühe und jede Sekunde Ihrer Zeit wert sind.

Fazit

Abschließend lässt sich also sagen, dass jede Art von mentalem Training, vor allem aber die Visualisierung, zu einem wichtigen Bestandteil Ihres Lebens werden sollte, wenn Sie Ihre Vorstellung auch in der Realität umsetzen möchten. Kein Ziel ist unerreichbar und kein Traum ist zu groß, um wahr zu werden. Der einzige Mensch, der Ihnen dabei im Weg steht, etwas an Ihrem Leben zu verändern, sind Sie selbst. Probleme entstehen nur dann, wenn Sie diese kreieren. Unterschätzen Sie niemals die Macht Ihres Verstandes und lernen Sie, wie Sie ihn ganz bewusst und für die wichtigen Dinge im Leben einsetzen können.

Wenn Sie lernen, ganz bewusst einen positiven Gedanken mit einem ausgerichteten Gefühl und einer festen Überzeugung zu kreieren, können Sie jeden negativen Umstand in einen positiven verwandeln. Jeder Gedanke, jedes Gefühl und jede Überzeugung können geändert werden und nur Sie ganz allein haben die Macht, all das zu ändern, was in Ihnen steckt. Beginnen Sie mit kleinen Schritten, aber bleiben Sie konsequent.

Erwarten Sie keine Veränderungen, die sich über Nacht einstellen und bleiben Sie optimistisch. Die Bilder werden klarer werden und Sie werden feststellen, dass Ihnen Ihre gesamte Umgebung plötzlich viel bunter erscheint. Sie werden Dinge wahrnehmen, die Ihnen vorher nie aufgefallen sind und Sie werden all diese kleinen Dinge in Ihrem Leben mehr wertschätzen. Wenn Sie in eine schwierige Situation geraten, denken Sie immer daran, dass alles im Leben aus einem bestimmten Grund passiert und Sie auch aus jedem Rückschlag etwas lernen können.

Ihre Vorstellung kann zum kreativsten Ort der Welt werden, an dem Ihnen keinerlei Grenzen gesetzt sind – ohne Regeln und andere Menschen, die Ihnen sagen könnten, dass Sie Ihre Ziele womöglich nie erreichen werden. Sie werden immer wieder Menschen begegnen, die noch nicht bereit sind, ihre Komfortzonen zu verlassen, die sich an ihren Überzeugungen festhalten und Angst vor Veränderungen haben.

Geben Sie diesen Menschen die Zeit, die sie brauchen, ohne sie zu bewerten. Jeder Mensch entwickelt sich in seiner eigenen Geschwindigkeit und letztendlich wissen Sie nie, in welcher Lebenssituation Ihre Mitmenschen sich gerade befinden. Zeigen Sie Mitgefühl und stecken Sie andere mit Ihrer Motivation und mit Ihrer positiven Einstellung an. Manchmal fehlt einem nur der letzte Denkanstoß, um den nächsten, vielleicht sogar entscheidenden Schritt zu mehr Bewusstsein zu machen.

Am Ende sind wir eben doch alle gleich, ganz egal, was in unseren Köpfen vorgeht. Denken Sie positiv, zielorientiert und - ganz wichtig - leben Sie so oft es geht im gegenwärtigen Moment. Lieben und genießen Sie das Leben, das Sie gerade haben, während Sie das Leben Ihrer Träume erschaffen.

Quellenangaben

https://www.successconsciousness.com/index_000008.htm
https://www.successconsciousness.com/index_000007.htm
https://www.learnmindpower.com/using-mind-power/affirmations/
https://www.yourhiddenlight.com/2017/08/15/be-aware-create-reality/
http://www.thelawofattraction.com/how-to-create-your-reality-with-intentional-thoughts/
https://www.mind-your-reality.com/conscious_mind.html
https://www.theemotionmachine.com/how-to-change-habits-with-20-minutes-of-visualization/
https://www.selbstbewusstsein-staerken.net/komfortzone-verlassen/
https://www.virtuesforlife.com/10-ways-to-step-out-of-your-comfort-zone/
https://www.erschaffedichneu.de/unterbewusstsein-programmieren/
https://dubistgenug.de/unterbewusstsein-programmieren/
https://www.netzathleten.de/lifestyle/body-soul/item/236-den-erfolg-vor-augen-visualisieren-im-sport
https://secret-wiki.de/wiki/Gesetz_der_Anziehung
https://www.learning-mind.com/how-to-make-correct-decisions-in-life-with-a-simple-visualization-technique/
https://www.turnerpublishing.com/blog/detail/everything-is-energy-everything-is-one-everything-is-possible/

Wir danken Ihnen für Ihr Interesse und Ihr Vertrauen. Als Dankeschön dafür, haben wir eine besondere Überraschung. Wir haben exklusiv für Sie **„Wie Sie mithilfe von Selbstreflexion und Visualisierung positiver durchs Leben gehen - inklusive Tipps für mehr Selbstliebe“**. Und diese erhalten Sie vollkommen kostenlos. Das klingt wunderbar? Dann warten Sie nicht lange und holen Sie sich Ihr Gratis-Geschenk.

Hier geht es zu Ihrem Gratis-Geschenk:

https://forms.gle/KBC84WyUsy3zUnzF6

1. **Öffnen Sie die Kamera-App auf Ihrem Smartphone und richten Sie die Kamera auf den QR-Code.**
2. **Klicken Sie auf den Link, der Ihnen angezeigt wird und schon werden Sie zur Website weitergeleitet.**

Impressum

Herausgeber: Pegoa Global Media GmbH / Am Sandtorkai 27 / 20457 Hamburg
Kontakt: kontakt@pegoamedia.de
Coverbild: Shutterstock